历史知道答案

夏昆 著

2017年·厦门

图书在版编目（CIP）数据

历史知道答案 / 夏昆著 . —厦门：鹭江出版社，2017.8（2017.9 重印）

ISBN 978-7-5459-1387-3

Ⅰ. ①历… Ⅱ. ①夏… Ⅲ. ①历史人物—生平事迹中国　Ⅳ. ① K82

中国版本图书馆 CIP 数据核字（2017）第 174140 号

出版统筹：雷　戎		策划编辑：董曦阳	
责任编辑：王　枫　李丹丹		营销编辑：范存榜　赵　娜	
责任印制：孙　明		装帧设计：王左左	

LISHI ZHIDAO DAAN

历史知道答案

夏　昆　著

出版发行：	海峡出版发行集团		
	鹭江出版社		
地　　址：	厦门市湖明路 22 号	邮政编码：361004	
印　　刷：	北京市十月印刷有限公司		
地　　址：	北京市通州区马驹桥北口民族工业园 9 号	邮政编码：101102	
开　　本：	710mm×1000mm　1/16		
印　　张：	13.75		
字　　数：	196 千字		
版　　次：	2017 年 8 月第 1 版　2017 年 9 月第 2 次印刷		
书　　号：	ISBN 978-7-5459-1387-3		
定　　价：	39.80 元		

如发现印装质量问题，请寄承印厂调换。

自序：历史有答案

弗朗西斯·培根说："读史使人明智。"

克罗齐说："一切历史都是当代史。"

鲁迅说："二十四史，二十四姓家谱而已。"他还说，中国历史每页都藏着"吃人"两个字。

打开电视，与历史相关的影视作品，大多不是戏说，便是神剧，或者穿越与宫斗齐飞，秘史与权谋争艳。古代的历史为现代的影视圈提供了取之不尽、用之不竭的素材，后者可以拿来毫无顾忌地对今天的观众"放毒"。

二十年前，我开始读史，之前之中以及之后我都在不断地问自己：除了读书人应该读书的原因之外，我读史最重要的原因是什么？

这个问题一直困扰着我，我也一直在寻找问题的答案。

后来我终于明白，也许，我就是想在历史中寻找答案。

曾经有朋友善意地提醒我，中国历史中毒素不少，阅读的时候要注意解毒。随着阅读的深入，我对这一点是深有体会的。《汉书》之后，史书修撰逐渐为朝廷垄断，基于权力的历史，其核心肯定是权力的争夺史。帝王将相，皇后妃嫔，外戚内宦，乱纷纷你方唱罢我登场；阴谋诈术，三十六计，宫斗心机层出不穷。看中国历史，很容易看成一部丛林史，一部杀伐史，甚至一部厚黑史：

刘邦厚颜无耻，狡诈多变，最后却荣登大宝；

项羽残忍凶狠，杀人无数，却赢得后人同情；

范雎玩人丧德，睚眦必报，居然位极人臣；

石奋不学无术，全靠谄媚，居然家族五人担任二千石；

张耳、陈余从金石之交始，至不共戴天终，所谓友谊，也经不起一个将印的试探……

史书中充满了人性的黑暗与残忍，狡诈与凶暴。因此，鲁迅先生说中国历史每页都藏着"吃人"二字是有道理的。也就难怪在很多导演、编剧眼里，中国历史就是一部权谋史，一部宫斗史，甚至一部厚黑史。

但是，黑沉沉的书页里，仍然掩不住会透出一些亮光：

文翁兴学巴蜀，将当时几乎还处于蛮荒之地的四川变成文教兴盛之地，为后世的李白、苏轼提供了生长的沃土；

丙吉抗颜天威，以死保护皇孙，在腥风血雨的巫蛊之乱中站立出了一个人的形象；

季布能屈能伸，一诺千金，让人知道何谓大丈夫；

田横五百壮士义不帝汉，从容蹈海，千载之后，仍然感动着著名画家徐悲鸿；

曹参萧规曹随，绝不扰民，这与有些政绩官员急功近利，导致民怨沸腾相差何啻天壤……

这让人想起鲁迅先生在《中国人失掉了自信力了吗》中所说的：

我们自古以来，就有埋头苦干的人，有拼命硬干的人，有为民请命的人，有舍身求法的人。虽是等于为帝王将相作家谱的所谓"正史"，也往往掩不住他们的光辉，这就是中国的脊梁。

而更让我掩卷浩叹的，是那些挣扎在历史大潮中的一个个鲜活却渺小的人物：

晁错力主削藩，皇帝起初对其言听计从，但当七国之乱爆发，位高权重的他也只能成为替罪羊，朝衣东市，让人兴黄犬东门之叹；

贾谊年少英杰，才高于世，但在一个论资排辈的社会里，他却没能熬出头，《鹏鸟赋》一语成谶，预示其悲凉人生；

萧何与刘邦布衣之交，又是刘邦夺取天下的首功之臣，但为避免皇帝猜疑，也必须给自己蒙上污名，以此避祸；

李陵提步卒不满五千，身践王庭，横挑单于，兵败投降，却被诛杀满门，更成为后世所谓叛臣的代称……

仍然套用鲁迅先生的话说，祖先留下的大宅子，徘徊不敢进的是孱头，放一把火烧光的是昏蛋，欣欣然蹩进卧室吸鸦片的则是废物。

我想，这就是历史的答案。

所有的问题，都是有答案的，只不过有些答案是错误的。

历史有权谋，有宫斗，有心机。

但历史不是权谋，不是宫斗，不是心机。读史若只看到这些，甚至沉醉于这些，无异于吸毒。

历史是一种亮光，他让我们看到长河中挺立的礁石，不为潮流所动，沉默地坚持着，如山，仰之弥高；

历史是一种亮光，他让我们看到无数呻吟在车轮下的小人物，让我们看到他们的渺小与无奈，激发出我们作为人的内心的恻隐与悲悯。

历史就是这样的一种光，在黝黑的夜晚，照亮我们脚下光荣的荆棘路。

这本书的出版，首先感谢鹭江出版社的董曦阳编辑，是他说服我将二十年来读历史零星写下的一些感悟结集成书出版。也感谢本书的责任编辑李丹丹，不辞辛劳帮我修改拙作。本人的专业并非历史，读史纯粹是业余爱好，书中观点纯属个人意见，书中也不免有错谬之处，见笑于方家，望各位朋友见谅。

夏昆

2017年6月29日星期四

目录

时无英雄，遂使竖子成名……001

重要的不是正义而是政权……007

快意恩仇还是睚眦必报……010

阴谋家陈平……018

血浓于水，利浓于血……023

生存还是死亡？这是个问题……030

三个好朋友的苍凉人生……039

小人的复仇……047

那些犯二作死的官二代……051

老炮儿和新贵的恩怨情仇……060

汉武帝家的女人们……069

我是坏人，你放心……078

不能跟着领导一起犯糊涂……087

我的地盘，我做主……090

新官上任不点火……093

意识形态的二皮脸……096

两千年前的严打风暴……101

嘴皮子　枪杆子　印把子……113

没能熬出头的大师……122

李陵日记……129

异化成甲虫或野兽……138

有礼貌就是好孩子……145

"老实人"的机心……150

蓝颜祸水……155

泽被李白苏轼的汉代校长……159

完美男人……162

宁愿相信有报应……168

权力游戏——一场致命的高利贷交易……171

漫话大臣……177

要人命的"个性解读"……181

最可爱的人……184

高危职位……190

犯我强权者　虽远必诛……197

王莽身后的女人……205

时无英雄，遂使竖子成名

在史书里面，那些帝王不仅地位高不可攀，而且出生时也是与众不同的。这也反映了中国人对权力者的崇拜——先从基因上把权力者跟芸芸众生分隔开来，王侯将相，绝对有种。所以，在史书中，有的帝王降生时，整个房子都笼罩在一片红光之中，让邻居都以为是遭了火灾；有的帝王降生时，紫气弥漫了整个庭院，连人的衣服都被染成了紫色；最不济的，至少他娘在生他的时候，也会做一些稀奇古怪的梦，诸如梦见神仙力士之类。在众多帝王降生的异象记载（也许该叫传说）中，刘邦降生的异象却是颇有些"独树一帜"的。

《史记》里面说，刘邦的母亲刘大妈（史书里面叫刘媪，"媪"其实就是大妈的意思）在一个雷电交加的晚上在大泽的旁边睡觉（也不知道刘大妈为什么偏偏在这时候挑这种地方睡觉，也许未来皇帝的母亲的确与众不同吧），在梦中与神灵相遇了。为了保证故事的真实性，史书中还说，刘大妈的老公，也就是刘邦的爹刘太公，亲眼看见了老婆与"神灵"办事的盛况：刘太公在这个雷电交加的晚上跑去找老婆，找到的时候，却发现老婆身子上面还有一个东西，仔细一看，据说是蛟龙。之后，刘大妈就有喜了，再后来，刘季就降生了。

在一本正经、满口仁义道德的"二十四史"中，这种生动形象的活春宫是少之又少的。不仅如此，还特邀女主角的老公亲临现场观摩。如此大胆的描写，想必不是太史公杜撰的——他有几个命根拿给刘彻割？而且，班固的《汉书》也是原封不动地"盗版"了司马迁的说法，而《汉书》的写作可是得到了官方认可的。说明这部关于皇帝降生的细节绝对出自官方之口，换而言之，这就是刘邦授意的。看来，刘三为了强调自己是正版"龙的传人"，甚至不惜牺牲自己的亲妈，这脑洞开得的确够大。

刘邦在年轻的时候就显示了自己"善于与群众打成一片"的素质。当亭长的时候，就既好酒又好色，经常在王大妈（王媪）和武家的酒店喝酒，而且总是欠账不还。别人又不敢找他要，年终的时候只好自己把账本烧了了事。

单父的吕公与沛县的县令交好，他因避仇到沛县定居，一县的名流听说县令有贵客，都来拜访、祝贺。吕公对负责接待客人的萧何说："凡是贺钱不到一千钱的就叫他们坐在堂下。"刘邦来了之后，满不在乎地声称自己送贺钱一万，其实一个钱都没带。吕公听说之后，赶快起身，出来见刘邦，不但没有责罚他，反而觉得这个小伙子很有性格，于是延入为上宾，还把自己的女儿嫁给刘邦，这就是后来的吕后。

秦末大乱，刘邦于沛县起兵，做了首领，他无耻的流氓习气不但没有改观，反而变本加厉了。明明是自己"贪财货，好美姬"，进了秦始皇的宫殿就迫不及待地享用美女珍宝，但是在面对项羽的责问时，却毫不脸红地说这是"鲰生"出的馊主意；项羽俘虏了他老爹，说再不投降就把他爹煮了，他却嬉皮笑脸地说，在义帝手下一起当将领的时候，我们曾经约为兄弟，那么，我的爹就是你的爹。你实在要煮你自己的爹，我也没有办法，只是请你看在兄弟一场的情面上，多少分我碗汤喝。这让智商和情商相比于刘邦都偏低的项羽无计可施。一次兵败，刘邦被项羽的军队追赶，他嫌坐在自己车上的儿女，也就是后来的惠帝和鲁元公主碍事，干脆把他们推下车去。跟在后面的滕公夏侯婴于心不忍，下车把孩子们带上交还给刘邦。谁知道不一会儿刘邦又把他们给扔了下来，于是夏侯婴又"捡"，"如是者三"。与项羽约定，双方以鸿沟为界罢兵，可项羽刚转过身，刘邦就毫不犹豫地毁弃盟约，开始进攻……

相比之下，项羽就要拘谨得多：杀宋义的时候，还要假惺惺地宣布自己是得到了义帝的密令。其实谁都知道，义帝只是诸侯手里的一个傀儡而已，没有任何权力。鸿门宴上沽名钓誉当断不断，不但不能下手杀掉刘邦，就连对明显背叛自己的项伯也没有采取任何措施，相比于刘邦的"立诛杀曹无伤"的决断真是不可同日而语。尽管他有万军之中斩将夺旗的勇猛，在秦末那个只有不要命才能杀出一条血路的时代占有了自己的一席之地，但是比之刘邦，他还欠缺了一个重要的素质——不要脸，所以，最终功败垂成，饮恨乌江。

刘邦固然是不要脸的无赖，但是项羽就可以称作英雄吗？

读过《三国演义》，难免尊刘贬曹；读过《史记》，也难免怜项贬刘。非但我等小辈，就是杜牧、李易安都未能免俗。千年之后，一个劝导人们"忍辱包羞是男儿"；一个更是高唱"生当作人杰，死亦为鬼雄"，足见太史公煽情能力之强，已经远远超出了史家的本分。

从项羽一出场，司马迁就让他喊出了"彼可取而代之"的口号。尽管很多学者认为这话比刘邦的"大丈夫该如此耶"要光明正大许多。在下愚鲁，实在看不出二者有什么本质的区别。从此之后，司马迁笔下的项羽南征北战，所向披靡，剑锋指处，人头如砍瓜切菜般纷纷滚落，真真过瘾得紧！即使是死，项羽也是死得很潇洒的：先是虞姬歌舞诀别，然后举剑自刎，这一场美人殉英雄的好戏着实感动了不少人，以至于千年之后《霸王别姬》成了京剧的传统曲目。至于这个虞姬到底是项羽的第几房姨太太，倒是没人过问了。然后是项羽带着为数不多的几个手下冲出重围，斩将夺旗，完成了一个名将的最后一件战功；之后的事情大家都知道了，在似乎还有机会卷土重来的情况下，项羽"毅然"放弃了生的机会，在乌江边自刎。司马迁为他写的这部悲剧终于在悲壮的音乐声中徐徐落幕，从此项羽似乎成了悲剧英雄的代名词，赚取了后世文人无数的惋惜和眼泪。

可是，项羽真的值得怜悯吗？愚以为不然。崇拜刘邦的固然是奴才，怜悯项羽，却让我看到另外一个更危险的信号：国人对暴力美学的崇拜和对悲剧的庸俗化理解。

项羽是依靠暴力起家的,他的第一次杀戮就是斩杀会稽守令。

秦二世元年(前209年)七月,陈胜吴广于大泽乡起兵反秦。九月,会稽守令找到项梁说:"江西地区都造反了,这正是上天灭秦的时机。我听说先发制人,后发制于人。我想发兵反秦,让您和桓楚当将军(江西皆反,此亦天亡秦之时也。吾闻先发则制人,后发则为人所制。吾欲发兵,使公及桓楚将)。"《史记》没有记载这个守令的姓,只说他名叫"通"(一说名彻,因避汉武帝讳改为通),不过从后面的情况看来,他对造反这事远没有项梁和项羽想得"通"。当时桓楚逃亡在外,项梁就对守令说:"桓楚逃亡,没有人知道他在哪里,只有项羽知道。"然后出来,嘱咐项羽持剑等候。过一会儿又进去对守令说:"请让我把项羽招来,让他去找桓楚。"守令不知是计,便让项梁把项羽找来。坐了没多久,项梁给项羽使个眼色,说:"可以动手了!"项羽立即拔剑斩杀了守令,项梁提着守令的头,佩戴着守令的印绶出来,外面的人见到之后大乱。项羽又冲出来砍杀近百人,才稳定了局面。

项羽的第一次登场便是一场莫名其妙的内讧:守令是约他与叔父一起起兵反秦的,让人惊讶的是,他竟然与叔父同谋,拿自己的同盟军开刀。究其原因,大概是他的那句"彼可取而代之"才能解释的:反秦也好,反汉也好,反的对象是谁并不重要,重要的是自己必须趁着这趟浑水捞取自己想要的东西。会稽守令起兵,他自己当首领,让桓楚和项梁当将军,这离项梁、项羽的预期值是有距离的,所以,为了取得起兵的首领位置,必须除掉守令。这些道理,那个名叫"通"的守令是至死也没有想通的。什么"兴义兵,诛暴秦",不过是个忽悠愚民的幌子,幌子背后掩藏的底牌,其实与刘邦没有任何区别。

项羽自此到死,他的生命中都充满了杀戮。《史记》多处记载他攻下城池之后马上做的一件事就是"屠",就是把城里成年男人和老人都杀死,把妇女、儿童掳走。在城阳之战中,他击败了齐将田荣,紧接着就是把当地的城郭房屋一把火烧掉,把投降的士兵活埋。一路烧杀到北海,"多所残破"。在巨鹿之战中,一晚上把二十万秦兵全部活埋。进入咸阳之后,刘邦与父老的"约法三章"被他废除，接着又"西屠咸阳"，把投降的秦王子婴也杀掉了，之后又一把火烧了阿房宫，大火三月不灭。为了争夺位置，他派人暗杀了自家立的义帝，其余例子不可胜数。读《史记·项羽本纪》，感觉他的疯狂其实跟滥杀的张献忠已经没有区别了。甚至张都比他略微清醒一点：用鲁迅的话说，张知道自己是在"杀别人的，抢别人的"，所以在逻辑上多少还有些说得过去，但是项羽却是不管是别人的还是自己的，二话不说，上来就杀，几乎是一个杀人魔王了。

读《鸿门宴》，项羽容易给人直爽甚至是憨厚的印象，与刘邦的奸诈虚伪形成鲜明对比。刘邦固然不是什么好鸟，但是凭此就说项羽直爽，也未免失之草率。项羽少年的时候不读书，学剑，嫌不是万人敌，又放弃，最后学兵法。也就是说，项羽也是一个工于谋略的军事家。试看其"破釜沉舟"的行为，显示的不仅是胆气，更重要的是谋略，即兵法所说的"置之死地而后生"。后来韩信山寨了他的谋略，在伐赵时背水一战，大获全胜。大家称赞韩信足智多谋，却忘了他用的不过是项羽用厌了的招数。天下已定，他任刘邦为汉王，说："巴蜀亦关中地也。"这种小聪明虽然比较拙劣，但是也透露出其狡猾。因此，项羽不是一个头脑简单的武夫而是一个颇有心计的屠夫，其人生自杀人开始而至杀人结束，只不过，杀的最后一个人是自己。而大众对项羽的怜悯无非是出于对失败者的廉价的同情，而隐含在深处的，其实是国人对暴力美学的崇拜。而将项羽的人生历程视为悲剧，更是国人对悲剧的庸俗化理解。

这种对悲剧的庸俗化理解必然导致我们去探寻项羽失败的原因，可是悲剧不是交通事故，可以明显地区分出责任人。真正的悲剧是没有原因的，其背后必然有一个不可测度的神的旨意，一种俄狄浦斯式的迷茫、彷徨、痛苦和无奈。如王怡所说，苦难不等于横尸遍野，古装也不等于古典，悲剧更不是对权谋、心术和欲望的陈列。悲剧的意思，是使人知罪，再把苦难放在一个能使苦难获得审视、赦免和安慰的背景当中。放错位置就只剩下惨剧。

更让人丧气的是，将项羽与刘邦对比来分析项羽失败的原因，只能得出一个结论：项羽的心还不够黑，手段还不够毒辣，为人还不够无耻。于是，自汉以来，宋襄公式的君子之风被指为迂腐，厚黑之类的哲学大行其道也就不奇怪了。

整个《项羽本纪》其实就是一部杀戮史，毫不犹豫地举剑，同时与之相关的是生命在这种外表痛快淋漓的叙述之下的模糊化和符号化，生命只等于或大或小的一个个数字，不再有真实的质感。而悲剧的第二个特点，如王怡所说，罪的可怕远远超过了愤怒（见《在敌面前，为我摆设筵席》）。生命的可贵远远超过了复仇的快感。只需要看看麦克白夫人在忏悔和疯狂中走向毁灭就不难理解这一点。

于是，有人说，中国历史上再没有悲剧，只有惨剧。而惨剧的制造者们，或如刘邦一类的流氓，或者如项羽一类的屠夫，却就被我们视为英雄。

写到这里，我不由得想起罗曼·罗兰对英雄的不朽的定义：

"我视为英雄的人，不是靠强力或思想称雄的人，而是凭心灵而伟大的人。"

也只有在法兰西这样尊重人的价值、尊重人的思想的国度，才会有这样的英雄观。而反观我们的历史，这样的英雄实在太少了。

最起码，无论是刘邦还是项羽，都不能算英雄。

很多年以后，西晋的阮籍在凭吊楚汉战场之后说："时无英雄，遂使竖子成名！"以前，总以为这话是阮籍的自夸之词。而现在，我似乎有些明白了。

重要的不是正义而是政权

秦二世元年七月，陈胜吴广在大泽乡起义了。当时的会稽太守对项梁说："现在到处都在造反，这是上天灭秦的好机会。我听说先发制人，后发制于人，我想举兵造反，让楚国以前的将军桓楚和你带兵如何？"当时桓楚正逃亡，项梁说："桓楚躲藏的地方没人知道，只有我的侄子项羽知道，我叫他来一起商议。"项梁就叫项羽带着剑来了，跟太守说了几句话。项梁说："可以了！"项羽马上持剑砍了太守的头，项梁提着头，佩戴上太守的印绶走到外面，下面的人一片惊慌，项羽立刻大开杀戒，杀了上百人，才"稳"住了局面。

《史记》里面说项羽"非常人"的一个证据是在看到秦始皇出巡时，说了一句"彼可取而代之也"，无非也是羡慕皇帝地位之尊，与刘邦的"大丈夫当如此也"并没有实质的区别。而这次谋杀太守，乍一看是莫名其妙的：太守主动约请项梁举事，从政治立场上来说，彼此应该是同一个战壕里面的战友，为什么二话不说就拿他开刀呢？仔细一想，原因也很简单：要举事可以，但是老大必须由我来当。项梁在这件事上的反应可以说是极其神速的：根本不对太守的建议表示异议，而是马上编造了一个谎话：只有项羽知道桓楚躲藏的地方，找桓楚必须找项羽商量。其实叫项羽进来的原因很简单——要力能扛鼎的项羽杀掉太守，并维持秩序。而更让人毛骨悚然的是，项羽与项梁的默契已经达到了天衣无缝的地步：只要项梁一个眼色、一句话，项羽就可以毫不犹豫地举起宝剑砍过去。

而后来宋义夺权,项梁战死,项羽杀宋义,带兵与章邯大战巨鹿,其本质也不过是权力之争。正如王夫之说的那样:

> (怀王)非悦其灭秦之计,悦其夺项之计也;宋义壁于安阳而项羽斩之,非愤其救赵之迟,愤其夺己之速也;义之壁安阳而不进也,非欲乘秦、赵之敝,欲得当以收项羽之兵也;其遣子相齐而送之无盐也,非不恤士卒之饥寒以自侈,为怀王树外援于齐而因以自固也。
> ——《读通鉴论》卷一

翻译过来的意思是:怀王欣赏宋义不是因为赞赏他灭秦的方略,而是赞赏他夺项家权力的计划;宋义将军队驻扎在安阳而项羽斩杀了他,让项羽愤怒的不是他救赵速度太慢,而是他夺权速度太快;宋义驻军安阳不前进,不是想趁秦、赵疲敝再出兵,而是想腾出时间收项羽的军权;他派儿子到齐国当相而自己到无盐去,不是不体恤士卒饥寒而自己奢侈腐化,而是为怀王树立齐国这个外援的同时巩固自己的权力地位。

这时候,我才明白,所谓正义,所谓解民于倒悬,其实都是漂亮的谎话,重要的是政权,准确地说,是必须落在自己手里的政权。

与项梁、项羽相比,陈婴的反应就更耐人寻味了。陈婴以前是秦朝的东阳县令史,也算是政府的基层官员吧。东阳人起来造反的时候,找不到合适的领袖,就把陈婴推上了历史舞台。陈婴不干,但是还是被强推上去了。陈婴的母亲告诉他说:"我嫁到陈家这么多年,就没听说过陈家有什么显贵的人物,现在你突然成了首领,有暴发的味道,还不如投入哪个首领门下,事成了也少不了封侯,事不成你还可以闪。"陈婴听了母亲的话,就率领部队投奔了项梁。后来的事情大家都知道了,陈婴后来又投奔了刘邦,成为汉朝的开国功臣之一。

其实,项梁与陈婴的行动表面上看起来相反,其实质是一样的,在他们举事的时候,首先想到的绝不是什么正义和公理,只是权力。项梁急为戎首,陈婴不为祸先，其实都是想寻求自身利益的最大化，只不过，陈婴还注意到了一点——自身利益的安全化。

也正因为如此，在灭掉秦朝之后，项羽说出了那句很著名的话："富贵之后不还乡给乡亲们显摆一下，就像穿上新衣服在夜里走没人看见一样。"这样说来，被人骂作"沐猴而冠"也是活该了。但是拥有了权力之后的项羽再不是以前那个在农村里野跑的小子了，一气之下，就把那个骂自己的人抓来煮了——有权力就是好啊！

快意恩仇还是睚眦必报

"快意恩仇"是个很让人向往的词。这个词不是成语,多见于武侠小说,意思是有恩报恩,有仇报仇。这个词和大块吃肉、大碗喝酒一样,基本上成为侠客或者江湖好汉的标配。但是,历史上有几个被称为快意恩仇的人,其行事做派却让人感觉颇为不快。战国时曾经当过秦国相的范雎就是其中一个。

范雎是魏国人,家境贫寒,本来想用自己所学游说魏王。因为家里穷没有钱,无法接触到魏王,所以只好侍奉魏王的中大夫须贾。

须贾受魏王的派遣出使齐国,齐襄王听说范雎很有才能,就派人给他送来十斤黄金以及牛肉美酒之类的礼物,范雎推辞不受。须贾知道这事之后大怒,认为范雎一定是把魏国的机密出卖给齐王才得到这样的馈赠。回国之后,须贾把这件事告诉了魏国的宰相魏齐。魏齐听说之后,派人痛打范雎,打断了他的肋骨,打掉了他的牙齿。当时范雎被打得昏死过去,魏齐命人用席子裹了范雎,扔到厕所里。又让宴饮的宾客喝醉了,轮番在范雎身上撒尿。

范雎醒过来之后,请求看厕所的人把自己放出去。看守趁魏齐喝醉的时候请求把厕所里面的"尸体"扔出去,魏齐答应了。范雎终于捡回了一条命。从此之后,他改名为张禄,在朋友的帮助下,逃到了秦国。

到了秦国的范雎终于时来运转了。他以三寸不烂之舌得到了秦昭王的信任,先被封为客卿,然后被拜相,之后又被封为应侯。秦王对其大加赏赐,他到封地的时候随从的车有一千多辆,家里的珍宝多得甚至超过了秦王。

在离开魏国的时候,范雎就改名叫张禄,所以魏国只知道秦国的应侯、相国叫张禄，却不知道这就是他们以为已经死了的范雎。后来，秦国决定攻打魏国，魏国听说之后，就派须贾出使秦国，请求秦国罢兵。须贾到达秦国之后，住在旅舍里，范雎知道之后，就换上老百姓的衣服，来见须贾。须贾见了范雎之后大惊：

"你还没死？"

范雎告诉了他自己被朋友救的事情，却没有告诉他自己现在的身份。须贾问他：

"你现在何以为生？"

范雎说："我给人当差役。"须贾信以为真，很是可怜他，于是留他吃饭，同情地说：

"没想到你现在这么艰难啊！"

又拿出自己的一件粗丝袍赠给他。然后又提到了自己出使的事情，问范雎：

"我听说现在秦相张禄是秦王最信任的人，您有认识张相国的熟人吗？"

范雎说：

"我的主人跟他很熟，我也去谒见过他，我带您去见他吧。"

须贾十分高兴，但是又犯难地说：

"我的车坏了，作为外交使节，我出门不能没有车。"

范雎说：

"这好办，我为您借一辆。"

于是，范雎回去，驾车过来接须贾，并亲自为他驾车，带他来到相府门口。认识范雎的人一见这阵势，都吓得躲了起来。须贾还奇怪这是怎么回事。到了相国办公地方的门口，范雎说：

"请让我进去通报一声。"

于是就下车进门。可是这一进去，很久都没有出来，须贾等得不耐烦了，就问看门人：

"范先生进去很长一段时间了，怎么还没出来？"

看门人说：

"这里没有范先生啊？"

须贾问：

"就是刚才和我一起进来的那个人"

看门人说：

"他是我们的相国张先生啊！"

须贾这才知道自己上当了，赶紧脱下上衣，请守门人带路，双膝跪地而行，托门卒向范雎请罪。范雎把须贾大骂了一顿之后说：

"你有三罪：第一，误以为我勾结齐国向魏齐告发我；第二，魏齐派人殴打、侮辱我，你不制止；第三，我昏死过去的时候，你还在我身上撒尿，于心何忍！我之所以没有杀你，是因为你还送了我一件粗丝袍，有一点儿故人之情。"

须贾只好在阶下顿首谢罪。

须贾要回国的时候，到范雎那里辞行，范雎大摆宴席，广请宾客，让须贾坐在堂下，在他面前放了一槽草豆掺拌的饲料，让两个囚犯抓住他，像喂马一样逼着须贾吃。范雎一边吃一边骂：

"替我告诉魏王，叫他马上把魏齐的头给我送来。不然，我马上发兵屠平你们的都城大梁！"

须贾回去之后，告诉了魏齐。魏齐大为惊恐，只好四处躲避，最后被迫自杀。

京剧里有一出传统剧目叫《赠绨袍》，讲的就是这个故事。我对京剧素无了解，不知道详细剧情如何。但是看完了《史记》里面的这个故事，却总觉得像是吞了只苍蝇，总有些不舒服的感觉。

复仇是一种什么滋味，我没有体会过。不过，从范雎的行为来看，应该很过瘾吧。当范雎从厕所里醒来，九死一生逃到秦国的时候，也许就是这种想象中的快感支撑着他活下去，不惜一切代价游说秦王，出将入相，为的也是有朝一日能够享受这种快感，而这种心理，据说就叫"快意恩仇"。

魏齐、须贾固然不是什么好鸟，怎么做最变态他们就怎么做，打死不够，还要用无耻的手段羞辱，就像楚平王死了之后伍子胥还要掘墓鞭尸一样，驱动他们的不是是非观，更不是道义，而是玩弄人的欲望。也恰恰是这种变态的折磨，使他们得到了更加变态的报应。有一天，当初的奴隶成为奴隶主，他面临两种选择：一，宽恕曾经迫害过自己的人；二，用更变态的手段折磨自己的奴隶。第一个选择，必须要有宗教式的宽容和慈悲作为依托，要有对以暴制暴的摈弃作为前提。可惜，这些在中国，至少在佛教还未传入中国的先秦时期，根本没有。

在奴隶时代，所有人的最高的目标就是做奴隶主，或者做更大的奴隶主，其目的只有一个，就是将以前自己所承受的苦难、耻辱，加倍地偿还到自己的奴隶身上，没有宽恕，没有怜悯，只有多年媳妇熬成婆之后的自得，或者是变本加厉的残忍。

没细看过《红楼梦》，但是，我此时却想起里面的一句诗：

子系中山狼，得志便猖狂。

范雎睚眦必报式的复仇绝非孤例，在漫长的历史长河中，范雎的"学生"数不胜数，一百多年后的西汉就有他的两个"得意门生"，一个叫朱买臣，一个叫主父偃。

西汉建立六十多年后，国家逐渐安定，汉武帝雄心勃勃，想要建立一个历史上最伟大的帝国。他求贤若渴，选拔人才不拘一格。《汉书》中他说"汉之得人，于兹为盛"。卜式原来是放羊的，桑弘羊原来是商人，卫青原来是奴仆，金日磾原来是俘虏，这些人后来都位列三公，出将入相。除此之外，还有一大批人，"朝为田舍郎，暮登天子床"，上演了一出出一夜之间平步青云的好戏。朱买臣和主父偃就是其中比较著名的两个人。

朱买臣字翁子，吴地人。家里很穷，喜欢读书，不善于置办财产家业产业，以砍柴为生。妻子也跟着他一起砍柴。朱买臣每次背着柴在前面走，一边走一边高声诵读诗书，妻子觉得他穷成这样还做出读书人的样子，让人笑话，就经常阻止他，不让他高声唱诵。可朱买臣不但不听，反而诵读得更大声了。妻子觉得十分羞惭，于是要求离开他，朱买臣说：

"我到五十岁的时候就会富贵，现在已经四十多了，你跟着我过了这么久的苦日子，等我富贵了会好好补偿你的。"

妻子没好气地回答：

"像你这样的人，只有饿死在路边的命，怎么可能富贵？"

他妻子坚持离开，重新嫁人。老婆跑了，朱买臣仍然靠砍柴为生，仍不免饥寒。有一次，他在砍柴路上遇见前妻和她现在的丈夫，两人看他可怜，还招呼他，给他饭吃。

几年之后，朱买臣跟着到朝廷汇报工作的小吏到了长安，并在同乡严助的推荐下见到了皇帝。皇帝十分赏识他，拜他为中大夫。之后，为了筹备东越战事，皇帝又拜他为会稽太守，对他说：

"富贵不还乡，如衣绣夜行，你现在感觉如何？"

以前朱买臣没有发达的时候，经常跑到会稽太守府，跟着守门的蹭饭，他还乡之后，还穿着以前的破衣服，把印绶藏在怀里，步行回到郡邸。正赶上会稽郡办上计又到那些老朋友那里去。太守府的小吏们正在喝酒，没有谁搭理他。朱买臣直接走进去，跟守门的一起吃饭，吃得差不多的时候，故意露出印绶的一角，守门的人很奇怪，偷偷把印绶扯出来看，见是太守印绶，大惊，跑出去告诉其他的小吏，大家都认为他是喝醉了瞎说，可还是叫了一个人进去再看看究竟，这个人一看，吓得转身往外跑，大喊道：

"是真的！"

于是举座皆惊，忙不迭排好队列在庭中拜见。朱买臣这才踱着方步慢慢走出来。很快，朱买臣的手下驾着高车驷马来迎接，朱买臣上车绝尘而去。

会稽地方官员知道太守驾到，忙着布置迎接，并派出百姓清理道路。朱买臣进入吴地地界之后，正好看见自己的前妻和她的丈夫在打扫道路。于是停车，叫后面的车把他们带上，安置在太守府的园里，给他们衣食。没人知道后来发生了什么事，只知道一个月之后，他的前妻在这位太守的府邸里上吊自杀。朱买臣给了她丈夫一些钱，让他把她安葬了。

第一次看到"衣绣夜行"这个词应该是在《项羽本纪》里，不过项羽富贵还乡的想法被论者笑为"沐猴而冠"。因此，我也经常想，富贵还乡，其目的究竟何在？为了炫耀，还是为了证明？为了报答，还是为了报复？

朱买臣微服私访的真人秀跟范雎捉弄须贾的手段如出一辙。他们都曾经是权力的受害者，都曾经是被轻视甚至被凌辱的对象。可他们一旦掌握了权力之后，最迫切想做的，是以其人之道还治其人之身。他们的报复甚至比自己曾经承受的，更加彻底，更加无情。相比范雎，朱买臣的手段无疑更加残忍。范雎曾经被毒打，差点儿丢了命，还被扔进厕所，饱受羞辱；而朱买臣受到的，无非是同乡的轻视和前妻的不理解，但是，当他成为权力的拥有者之后，他的手段不仅是报复，还有报复中的玩弄和凌辱。就连前妻和其夫出于同情给他饭吃，都被他认为是对自己的羞辱，而一定要以牙还牙，终于导致前妻羞愤难忍而被迫自杀。君子绝交，不出恶言，而朱买臣离婚后，却将前妻置于死地。这绝不是什么快意恩仇，只是权力暴发户阴暗心理的原形毕露罢了。

钱财的暴发户一旦有了金钱，便会充分享受金钱给自己带来的快感，以补偿贫穷时的窘迫，因此为富不仁者大多也是暴发户，权力的暴发户亦是如此。他们由被压迫者到压迫者的角色转换过于迅速，被凌辱的记忆过于深刻，而这种压迫和凌辱也是支持他们向上爬的精神动力。一旦得势，他们的目标就只有一个：报复。同时，权力得来的太过轻易也使他们时刻有种丧失权力的危机感。因此，怎样把自己手中的权力使用到极致，就是他们最关心的问题。

还有一点让人觉得悲哀的是，后来很多人就把朱买臣当成男人大器晚成的范本，而把他妻子看成是鼠目寸光的蠢婆娘的典型。就连李白被皇帝召见的时候也踌躇满志地写道："会稽愚妇轻买臣，我亦辞家西入秦。"看来，李白当时的妻子是不把李白的仕途理想当回事的，这显然让李白十分恼火，于是趁着这机会用诗句把老婆狠狠羞辱了一把。但是，当李白在长安待了两年，灰溜溜地被赐金还乡的时候，他是否还认为自己的妻子是愚妇，而自己就是一朝登天的朱买臣呢？

不过，李白和大多数轻视女人的男人一样，是从来不会反思自己的。在晚年的时候，他还不顾当时的妻子宗氏劝阻，兴冲冲应邀加入永王李璘的幕府，天真地以为这是自己期待已久的建功立业的机会，还不知天高地厚地把自己比喻成东晋主持淝水之战的宰相谢安："但用东山谢安石，为君谈笑静胡沙。"谁知，这次跌得比上次还狠，永王与肃宗作对，被宣布为反贼遭到围剿，兵败被杀，李白也以附逆之罪下狱，险些掉脑袋，最后被流放夜郎。

我们只想着赞赏李白诗歌的天才，而忘记了他在政治上的弱智，更忘了他以朱买臣为榜样背后，隐藏的极其炽烈的功利心。朱买臣没有反思，李白也没有，这就注定了范雎、朱买臣式的人物在中国历史上注定层出不穷。而与朱买臣同时期的主父偃也是其中的一个。

主父偃原来是齐人，年轻的时候苦学纵横之术，学成之后就到处去推销自己的思想，一直没人接纳他，加上他不善与人交往，到后来借钱都没有门路。为了飞黄腾达，他不惜求人把女儿送进齐王的后宫，以求进阶之资，但是事情没有办好，碰了一鼻子灰。情急之下，他通过向皇帝揭发齐王的隐私而得到信任，被任命为齐相。他担任齐相之后，把所有的亲戚朋友召集到一起，拿出五百金往地上一洒，说：

"以前我贫穷时，你们都看不起我，兄弟不给我衣食，宾客不让我进门。现在，我在齐当国相了，你们到千里之外来迎接我。这些金子你们捡吧，我现在跟你们绝交，你们不许再进我的门！"

不仅如此，主父偃还大肆收受贿赂，与诸侯勾结，有人劝谏他，他说：

"我从成年游学四十多年，一直没有得志，父母不把我当儿子，兄弟不收留我，我困窘太久了！大丈夫活着的时候不能吃满桌鲜美的食物，死的时候就五鼎烹！我年纪大了，所以不惜这样倒行逆施！"

主父偃的"愿望"最后终于实现了。他因为齐王拒绝纳自己女儿入后宫而心生仇恨，极力要扳倒齐王，导致齐王服毒自杀。一时间都认为是主父偃逼死了齐王。最终主父偃被捕下狱，后被灭族。

由此看来，权力暴发户是没有资格谈什么"快意恩仇"的，因为这只能成为他们睚眦必报的一个借口。对他们来说，宽容的确是奢侈品，无法享有。而他们的倒行逆施，也注定了他们的悲惨结局。朱买臣后来与其他大臣诬告张汤，导致张汤被杀。武帝随后醒悟，下令灭了朱买臣一族；主父偃嚣张跋扈，被赵王刘彭祖告发他接受诸侯贿赂，欲图不轨，加上齐王自杀事件，被武帝下令灭族。当他显贵的时候，门客有上千人；而他死的时候，没有一个人来看一眼，只有一个叫孔车的门人给他收尸下葬。武帝知道之后，很赞赏孔车，称他为长者。也许，只有这样的人，才不会沦为权力的暴发户吧。

阴谋家陈平

汉成帝时，东平思王刘宇上书朝廷，希望得到国家图书馆里的诸子百家著作和《史记》。按咱们现在的人看来，这是王爷热爱学习、勤奋精进的表现，不仅应该给他书，还应该着重表扬。但是成帝询问了大将军王凤的意见之后却拒绝了他。

王凤对成帝说："诸子百家的著作很多是和儒家经典相悖的，而《史记》里记载了很多战国纵横家的言论，以及汉兴时谋臣的奇策，这些东西不宜让诸侯王知道。这些书都不能给他。"

因此，成帝拒绝了刘宇的请求。

诸子百家的著作跟儒家相悖这是可以理解的，但是在王凤眼里，《史记》怎么也成了禁书呢？"史家之绝唱，无韵之《离骚》"的《史记》难道跟《金瓶梅》一样，早已悄悄担负起了教坏年轻一代的责任？待到读完《史记》，再读《汉书》，再次跟武帝以前的人物们碰面的时候，我才知道，此言似乎是有些道理的。

秦末大乱，群雄逐鹿，烽烟四起，兵不厌诈。和平时期的道貌岸然早被抛到一边，在这混乱的年代，比拼的就是谁更狡猾，谁更奸诈，谁更善于玩弄阴谋诡计。陈平就是这其中的佼佼者。

陈平是阳武户牖乡的人，这户牖乡，用现代文说就是门窗乡。听这名字，就知道不是什么大地方。陈平从小家里就很穷，却喜欢读书。他有一个哥哥，负担起了家里所有的农活，而让陈平专心读书，结交高人。陈平这种行为在乡里大概也就属于游手好闲一类了，所以他嫂子也经常看不惯。陈平长相很英俊，有人就问：

"你们家这么穷，他吃了什么长得这么帅啊？"

嫂子没好气地说：

"还不是吃糠咽菜罢了！有这样的小叔子还不如没有！"

陈平的哥哥知道老婆这样评价自己的弟弟，一怒之下，就把老婆给休了。

陈平到了该娶老婆的时候，没有哪个富人家敢把女儿嫁给他，穷人陈平也看不起。过了很久之后，乡里的富户张负家女儿老公死了，这已经是她第五次死老公了，没人再敢娶她，而陈平却看上了她。张负也比较满意陈平，因为他到陈平家去暗访的时候，发现他家门外有许多豪华马车的车辙印，于是回来跟儿子商量，儿子说：

"陈平又穷又无所事事，乡亲们都笑话他，为什么偏把女儿嫁给这样的人？"

张负的回答很有个性：

"长得像陈平这样帅的人，难道会一直贫困下去吗？"

张负坚持把女儿嫁给了陈平，连聘礼都是他偷偷给陈平，再叫陈平堂而皇之地送到自己家门的。婚后，陈平得到了张负的财力支持，生活水平明显提高，交游范围也广了。

秦末大乱，陈平辞别兄长，先是依附魏王，不受重用，还被诬陷，就逃跑去投奔项羽，可是又打了败仗，怕项羽杀他，就挂印封金偷偷地逃跑了。渡河时，船夫见陈平长相英俊、仪表不凡，又是单独出行，就猜他是逃亡的将军，身上应该带着很多金银珠宝，就想谋财害命。陈平察觉之后，干脆脱光衣服，还帮着船夫划船，表示自己和船夫一样，也是苦出身，才逃过一劫。而后他顺利到达修武，投奔刘邦。

当时有十多人与陈平同时投奔刘邦，刘邦招待他们吃饭之后就让他们回去休息，谁知陈平说：

"臣是为事而来，所说的事情不能过今日。"

刘邦就叫他留下跟他谈话，一谈之下十分投机，就问他：

"你在项羽那里当的什么官？"

陈平说：

"都尉。"

当天刘邦任命陈平为都尉，还让他做参乘，跟自己同乘一辆车，又叫他担任宪兵队长，负责纠察全军上下。诸将哗然，觉得陈平不过是项羽那边的降将，刘邦不知道他的高下就给他这样高的待遇，实在离谱。周勃、灌婴一帮老将就向刘邦打小报告：

"陈平反复无常，品行不端。在家的时候，曾经和嫂子私通。到我军之后，收受将领贿赂。他是一个反复无常的作乱奸臣，希望大王明察。"

刘邦知道之后，找来推荐陈平的魏无知质问他：

"将军们说的都是真的吗？"

魏无知回答：

"是真的。"

刘邦大怒：

"那你为什么还说他是贤人？"

魏无知回答：

"臣所说的贤是指他的才能，大王所说的贤指的是品行。现在如果有人即使有尾生那样的品行，对行军打仗来说又有什么好处呢？我推荐他，只是因为他擅长奇谋，这和跟嫂子私通、收受贿赂又有什么关系呢？"

刘邦又找来陈平责问收受贿赂的事情，陈平振振有词地回答：

"臣逃亡而来，身上没有钱，无法生活，所以接受贿赂。我离开魏王和项羽，是因为他们不能采纳我的意见。如果我的计谋确有值得采纳的，希望大王采用；假若没有值得采用的，大王赏赐的财物都在这里，臣请充公，然后辞职回家。"

刘邦听了之后，不但没有责怪陈平，反而又厚赏他，升他为护军中尉，监察所有将领。这时候，诸将才不敢再有意见。

有了刘邦的信任，陈平终于可以施展手脚，大干一番了。之后不久，刘邦被项羽围困，向陈平讨主意，陈平说：

"项羽的忠实部下不过几人，只要大王拿出数万金，让臣实施反间计，使其君臣离心，自然可破。"

于是刘邦出黄金四万金交给陈平，让他随意使用，不问出入。陈平出重金派人到项羽军营，散布消息，说项羽的将领钟离昧等想投降刘邦，消灭项羽，项羽果然起了疑心，派使者到汉军军营打探消息。陈平授意先用极高的规格招待使者，待见到使者再假装惊讶地说：

"我原来以为您是亚父范增的使者呢，原来是项羽的使者啊！"

随后陈平马上吩咐把丰盛的筵席撤去，换上粗陋的食物。憋了一肚子气的使者回去之后，一个劲地说范增的坏话，项羽果然也开始怀疑范增了。范增一怒之下告老还乡，还没走到彭城就因背上毒疮发作而死了。

楚汉战争以项羽的失败而告终，西汉建立。汉六年，有人上书告韩信谋反，刘邦向诸将询问对策，大家都说：

"发兵把这王八羔子抓来活埋了！"

刘邦问陈平，陈平说：

"陛下的军队比起韩信的军队如何？"

刘邦回答：

"不如他。"

陈平又问：

"陛下的将领中带兵的人比起韩信来如何？"

刘邦又回答：

"没有谁赶得上他。"

陈平说：

"陛下的军队不如楚国精锐，将领的才干都不如他，怎么能发兵呢？"

刘邦问：

"那怎么办？"

陈平说：

"陛下何不装作到云梦泽游玩，韩信必来拜见，到时候抓住他，只需要一个武士就够了。"

刘邦听从了陈平的意见，果然成功诛杀了韩信。

第二年，陈平又跟随刘邦北击匈奴，结果被匈奴围困在平城白登山，七天七夜，连饭都没的吃。后来刘邦又采纳了陈平的计谋，才得以突围。对这个计谋，《史记》《汉书》都讳莫如深，只说"其计秘，世莫得闻"。但是有好事者考证，说陈平派使者去拜访匈奴单于的王后，对她说：

"如果大王灭了汉，势必会宠爱汉地的女子。想那汉地的女子貌美如花，性格娴雅，那以后您的地位就岌岌可危了。"

一听这话，王后坐不住了，整天在单于耳边吹枕头风，叫他放刘邦一马，刘邦这才得以保住性命。

史书说，陈平先后为刘邦贡献了很多奇谋妙计，但是很多都属于绝对机密，世人无法得知。从楚汉相争到剪除异姓诸侯，陈平都立下了汗马功劳。

可是写到这里，我却对陈平的"阴谋家"头衔产生了怀疑：这些所谓的奇计，在现在的我们看来，实在是再平常不过了，无非是反间计、瞒天过海、偷梁换柱之类，《三十六计》里面写得清清楚楚。看来，古人的确还是比现代人笨，或者说，现代人其实远比古人奸诈，远比古人阴险，"时无英雄，遂使竖子成名"，这算不算一个原因呢？

血浓于水，利浓于血

张耳和陈余两个人的命运有很多共同点，其中一个共同点就是他们都是靠吃软饭起家的。

张耳是魏国人，曾是著名的信陵君的门客，后来因为犯事而逃亡到外黄。外黄有一家富人，女儿长得很漂亮，但她老公很窝囊，老婆很看不起他，把老公当奴才一样使唤，就这样也不解恨，干脆有一天撇下老公跑回娘家了。她爹无可奈何，又心疼女儿，就对女儿说："如果你一定想找一个好老公，我这里倒是有一个人选，就是避难到此的张耳。"女儿答应了。老爸就张罗着让女儿跟前夫离婚，然后嫁给张耳，并且奉送了一笔丰厚的嫁妆。张耳有了这笔钱，到处交结豪杰，扩大自己的影响，居然当上了外黄县令。

陈余也是魏国人，年少成名，喜欢儒术，曾经在赵国游历，也被一家姓公乘的富人看上，把女儿嫁给了他，和张耳一样，靠投身于妇女工作掘到了人生的第一桶金。

相同的人生经历使两个人走到了一起，张耳比陈余大，所以陈余把他当父亲一样侍奉，其实就是干爹，两个人形影不离，江湖上常将两人并称。

秦灭魏国的时候，两人逃跑了，秦始皇听说两人都是魏国名士就悬赏千金通缉张耳，五百金通缉陈余，但是两个人都不愿在秦朝做官，于是去当了里正卫。信陵君以前的谋士侯嬴就曾经当过大梁的看门人，这个工作在当时很低贱，随时可能被人欺凌。有一次陈余因为犯了点小错被小吏鞭打，年轻人火气盛，想跳起来反抗，幸好被张耳拉住了。等小吏走了，张耳教训他："当初我跟你怎么讲的？现在因为受了一个小吏的气你就要去找死吗？"

张耳以前跟陈余讲过什么史书里并没写，但是可以猜到，肯定是隐忍不发，等待时机干出一番大事之类的，而这机会很快就来了。

陈胜起兵之后，两人一起去投奔义军。由于陈胜以前就多次听说过两人的大名，还没见面就高兴得不得了。加入义军之后，两个人都成为陈胜领导集团中的核心人物。

但是后来发生的一件事，使他们两个不再紧密团结在以陈胜为核心的领导集团周围了。

陈胜起兵后不久，战事顺利，势如破竹。有人就劝陈胜趁机称王。陈胜征求两个人的意见，两人认为此时称王为时尚早，应该马上引兵西进，同时访求六国王族之后，封赏他们以巩固势力，最后推翻秦朝，建立不世功业。但是在给人当雇农时就眼巴巴盼着富贵的陈胜哪里听得进他们的建议，还是坚持称王了。

这件事让张耳、陈余发觉陈胜目光短浅，终究不能与其谋大事，不如早为自己找好退路。

当时陈胜的主要进攻方向放在了关中，希望能早一天入关灭秦，陈余劝说陈胜，请求分一部分兵力占领赵国土地。于是陈胜分出三千士兵，命武臣为主将，张耳、陈余为左右校尉，向赵地进军。武臣在张耳、陈余的帮助下，队伍迅速扩大，由以前的三千人发展到数万人，迅速占领了赵国的大片土地。之后，两人又劝说武臣自立为赵王，陈余为大将军，张耳为右丞相。

武臣称王的消息传到陈胜耳中，陈胜大怒。这时候，他才知道武臣、张耳、陈余三人不过是想借着攻打赵地建立自己的基业罢了。他本想把武臣等人的家属全部灭族，但是在手下的劝说下暂时忍住了这股怒火，只把武臣的家属软禁起来，然后派使者命令武臣带兵跟自己入关，推翻秦朝。

张耳、陈余识破了陈胜的意图，劝说武臣说："您自称赵王是违背陈胜意图的，如果陈胜灭秦，下一个马上就要收拾咱们，所以不如不派兵跟随陈胜，我们自己派兵占领周边土地，扩大自己的势力，以后陈胜即便得到天下也不敢随便动我们了。"武臣听从他们的建议，派韩广去攻占燕地，李良攻打常山，张黡夺取上党。

两人从布衣起事，一直互相协助，肝胆相照，几乎成为朋友的典范，可谓"二人同心，其利断金"。不过，还是有人看出了他们两个人各怀鬼胎，这人竟然只是个砍柴的仆役。

事情得从武臣派韩广占领燕国土地说起。韩广一到燕国，马上仿效武臣自称赵王，他也自称燕王了，并且派兵守住边境，俨然要与武臣开战。武臣就带着张耳、陈余一起到边境探查。一次，武臣外出巡查，竟然被燕国士兵抓住了，而且以此为要挟要赵国割地。张耳、陈余派了十几拨使者去谈判，去了就被杀了。两人无可奈何，这时候有一个人自告奋勇去见燕将，这就是那个砍柴的仆役。

仆役到燕国大营之后，跟燕将有了下面一场对话：

仆：您知道张耳、陈余想干什么吗？

将：想救他们的王回去。

仆：您太不了解他们了。武臣、张耳、陈余攻下赵国十多座城池，不都是想各自称王吗？只是当时形势初定，所以暂时先让武臣称王罢了。现在赵国已定，两个人也想把赵国一分两半各自称王，只是没有机会。现在您抓了赵王武臣，他们才巴不得您早点杀了他，他们好顺顺当当称王。到那时候，一个赵国就够您受的，何况是两个！灭亡燕国，绝对是分分钟的事情。

燕将听了之后觉得有理，就让这个仆役驾车，把武臣放了回来。

史书里连这个仆役的名字都没有记载，这无疑是司马迁的疏忽。因为这个人的洞察能力之高，完全不在秦末那些智者谋士之下。在张耳、陈余还处在蜜月期时，他就一针见血地指出了两个人貌似齐心，其实心里都有自己的小算盘的真相。武臣不死还好，武臣一死，赵国必将一分为二，再之后的事情，就不是谁能够预料的了。

燕将放回了武臣，一场危机暂时平息。但是另一场灭顶之灾却正在悄悄逼近。这场灾祸的始作俑者是武臣派去攻打常山的李良，而导火索则是武臣的姐姐。

李良受武臣之命攻下了常山，而后又受命攻打太原。他在石邑一带遭到了秦军阻击，军队受困。为了招降李良，秦将假托秦二世的名义给李良写信，许以高官厚禄。李良有点怀疑，不敢相信。于是他把信放在一边，自己回邯郸，想请赵王武臣增派援军。

在路上的时候，李良遇到赵王的姐姐带着随从经过。他远远望见排场很大，以为是赵王，就赶快跪在路边行礼。结果赵王的姐姐喝醉了，不知道是大将李良，以为不过是一个小官，也没停下道谢，只派个随从敷衍了李良几句。直男李良怒了，他怎么也没想到一个女人竟然可以对自己如此无礼。于是派人追上去杀掉了武臣的姐姐及其随从，然后一不做二不休，带兵杀进邯郸，可怜武臣当赵王才几天，屁股还没坐热就掉了脑袋。

张耳、陈余因为事先有人报信，侥幸逃生。之后陈余收拾残部与李良作战，击败了李良。

此时的张耳、陈余虽有称王之心，但也知道自己根基尚浅，时机不成熟。因此，他们到处寻访，找到了原来赵王的后裔赵歇，把他立为赵王。

李良投奔了秦将章邯。章邯带兵攻打赵国，张耳带着赵王歇逃进了巨鹿城。秦将王离紧随其后，把巨鹿围了个水泄不通，章邯派兵筑甬道给王离军队提供粮食，王离有了后勤保障，攻打得更加厉害，而巨鹿城中兵少食尽，危在旦夕。此时陈余正收拾常山的残部，得数万人，驻扎在巨鹿城北，但是害怕秦军人多势众，一直不敢去救援。张耳派人多次请求救援，陈余还是按兵不动。几个月后，张耳大怒，派手下张黡、陈泽去责备陈余：

"我们从前是刎颈之交，现在我危在旦夕，而您拥兵数万，却不肯相救，我们从前同生共死的誓言到哪里去了？如果您还当我是朋友的话，何不一起攻打秦军决一死战？也许还有一线生机。"

陈余说：

"我之所以不进军，是因为我们这样过去，就像以肉投饿虎，有什么益处？还不如保留实力，为武臣报仇。"

张黡、陈泽十分生气，认为陈余是在有意推托，陈余索性说：

"反正我认为这样进军是去找死，要不你们就试试。"

于是，分给两人五千人马，让他们进攻秦军，结果，两人和五千人马一起全部被歼。

后来我们当然知道，无论是张耳还是陈余，都无法解巨鹿之围。纵览天下，只有一个人能够率兵以一当百，破军杀将，一战成名，这个人就是项羽。

秦二世三年（前207年），项羽带兵破釜沉舟，渡河击秦，巨鹿一场恶战，击溃了秦军主力，秦将王离被俘虏，张耳终于转危为安。

危机过去之后，两人相见，张耳第一件事就是责备陈余见死不救，然后就询问张黡、陈泽的下落。陈余告诉他，两人已经战死，张耳不信，认为是陈余杀害了他们，多次询问，陈余十分生气：

"我没有想到你这么怨恨我！你以为我很在乎这个将军的位置吗？"

他一气之下解下将军的印绶扔在桌上，推给张耳。张耳又是惊愕又是尴尬，坚决不接受。两人僵持了半天，也找不到一个台阶下。过了一会儿，陈余起来上厕所，他的想法也许是上完厕所回来张耳的情绪一定就缓和了，没准他还会为错怪自己而道歉，甚至亲自把印绶给自己系上，那时候自己也不丢面子了。再怎么样他是我干爹，我是他干儿子，儿子发火撒下娇，爹一定会宽容的。可是等他上厕所回来，放在桌上的印绶不见了！印绶竟然拴在干爹张耳的腰上！原来就在他上厕所的当口，张耳的一个手下对他说：

"我听说天意是不可违背的，现在陈余把印绶给您，这就是天意。您为什么还不接受呢？"

张耳听了这话之后，嘴上说不，但是身体出卖了他，就羞羞答答把印绶拿过来，高高兴兴别在自己身上了。陈余回来之后，见张耳居然一点儿没有谦让，大怒，于是愤然辞去。军队已经被干爹抢走了，陈余只带着几百个亲信到河上钓鱼打猎，暂时离开了权力的旋涡。两人也反目成仇。

但是，一切才刚刚开始。

秦灭后，张耳被项羽封为常山王，而陈余仅被封为侯。陈余更是愤愤不平，就联合齐王田荣叛楚，自己带兵攻打张耳。张耳猝不及防，被打得丢盔弃甲，于是跑去投奔了刘邦。刘邦久闻张耳大名，十分重用他。陈余击败张耳之后，迎立赵王歇，赵王十分感激陈余封他为代王。

汉二年，刘邦出兵攻打项羽，派使者告诉赵王歇，希望联兵进攻，陈余说：

"除非刘邦杀了张耳，把他的头给我，赵国才出兵。"

刘邦的狡猾又一次派上了用场，他杀了一个容貌酷似张耳的人，把头送给陈余，陈余信以为真，于是出兵助汉。可是不久，他就发觉上了当，又背叛了刘邦。第二年，怒不可遏的刘邦派遣韩信和张耳攻打赵国，韩信在著名的背水一战中大胜赵军，陈余被杀，张耳被封为赵王。

张耳、陈余的才能在当时就享有盛名，即使是他们门下的宾客和仆人，很多后来都出将入相。司马迁曾经感慨万分地说：

"两个人在穷困的时候，结为刎颈之交，相约以死，是多么让人钦佩向往！可是等到后来两个人都把持国柄，就开始互相争权夺利，乃至互相攻伐，皆欲置对方于死地而后快，从前的真诚和后来的虚伪，为什么差别这么大呢？"

其实，原因很简单：他们所谓的刎颈之交，其实不过是披在利益之上的一件美丽的外衣而已。没有利益的时候，两人尽可以伪装清高诚恳，而一旦面临利害冲突，那层温情脉脉的面纱就立即被扯下，露出下面的炎炎欲火。所以，司马迁一针见血地指出：

"两人的交往，无非也是利益之交罢了。"

唐代韩愈在《柳子厚墓志铭》中曾说：

今夫平居里巷相慕悦，酒食游戏相征逐，诩诩强笑语以相取下，握手出肺肝相示，指天日涕泣，誓生死不相背负，真若可信。一旦临小利害，仅如毛发比，反眼若不相识。落陷阱，不一引手救，反挤之，又下石焉者，皆是也。

翻译成现代文意思就是：平日里，街坊邻居相处，互相仰慕讨好，每天喝酒玩乐往来频繁笑语盈盈，谦逊相待，指天画地，流泪发誓，生死相依，永不辜负，看上去跟真的一样。一旦有一点小利害冲突，哪怕仅像头发丝般细小，马上就翻脸不认人了。朋友掉入陷阱里，不但不伸手相救，反而借机推挤他，再落井下石，这样的人到处都是。

可是，两千多年后，当我们在书页间、屏幕里调侃嘲讽张耳、陈余的交情时，不妨想想，我们自己的友情又经得起多少利益的诱惑呢？

越王勾践在文种、范蠡的辅佐下卧薪尝胆，终于灭了吴国，杀了吴王夫差，大家都以为从此天下太平，可是范蠡却要辞官出走。文种问他原因，范蠡说，勾践这个人可以共患难，不能共富贵，此时不走，以后必将遭遇祸患。文种不信，坚持留下，最后果然被勾践所杀。

范蠡说的其实不只是一个勾践，而是人性。

人性是坚韧的，它可以经得起贫穷，经得起卑贱，经得起羞辱，经得起践踏，经得起失败，经得起潦倒，甚至经得起上苍的打击，生命的威胁。但是人性更是脆弱的，经不起试探，尤其经不起利益的试探。

张耳、陈余初起事时，肯定是同心同德，彼此信任的，也许他们早就预料到友情可能经不起考验，于是在彼此的友情上再加一重亲情——陈余认张耳为义父。中国人向来相信血浓于水，相信有亲情的加持，可以在这个危机四伏的世界暂时放下一些警惕、一些不信任，过几天安稳日子。

可是他们错了。

血浓于水，但是利浓于血。

所以，君子之交只能淡如水。如果浓于血，别说君子，连朋友都没的做了。

生存还是死亡？这是个问题

上一章讲到曾经被认为二人一体的张耳、陈余因为利益之争反目成仇，最后，张耳投奔刘邦，并借其力量杀掉了陈余，同时，也消灭了赵王。汉高祖四年，张耳被封为赵王。

张耳当赵王一年以后就去世了，他的儿子张敖继承了王位，并且娶了刘邦的独生女鲁元公主刘乐，张敖也就成了后人所说的驸马。

不过驸马的日子并不像我们认为的那样光鲜亮丽。古代娶公主不叫娶，而叫"尚"，意思就是高攀。如果在民间，其地位相当于上门女婿，被人瞧不起也是很正常的事，这从刘邦这个老丈人对待女婿的态度就可以看出来。

汉高祖七年，刘邦带领三十万大军出击匈奴，结果由于轻敌，反被匈奴围困在平城白登山，差点全军覆没。回来的路上，经过赵国，赵王竭尽全力侍奉老丈人，每天亲自给刘邦奉上饮食，十分谦卑。而刘邦不知道是因为在平城打了败仗窝了一肚子火没处撒，还是本来就看不起这个窝囊女婿，态度很不好，经常"箕踞骂詈"。汉代人正常坐姿都是跪坐，"箕踞"就是屁股坐在地上，脚放在前面，就像我们野外郊游坐在草地上一样。但是古人上衣下裳，"裳"有点类似于现在女孩穿的裙子。古人是不穿内裤的，这样坐着，春光无限可以想象。荆轲刺秦王受伤失败后，就曾经以这种坐姿大骂秦王。所以，这样的坐姿对对方来说是极度无礼的。

老丈人这样对待自己，赵王张敖还是一如既往的谦卑，但是他手下几个老臣却忍不住了。

贯高、赵午等几个老臣已经六十多岁了，以前曾经跟随张耳出生入死，看到自己的大王被皇帝这样凌辱，十分愤怒：

"我们大王太懦弱了！"

他们一起劝说张敖：

"天下豪杰并起，有能力的就可以称王，现在大王对待皇帝如此谦卑，而皇帝却如此无礼，请让我们把皇帝杀掉！"

张敖十分纠结，他气愤得把手指头都咬破出血了，说出了一段十分正能量的话：

"你们说得大错特错！先王失去了国土，全赖皇帝帮我们复国，恩德遍及子孙，所有这一切都是皇帝赐予的。希望你们别再说这件事了。"

张敖不愿造反，可手下几个老臣还是没有死心，他们私下商量：

"大王有仁存长者的风范，不愿背弃道义。但是我们的道义就是不能让王受辱。现在皇帝侮辱大王，我们必须杀掉他。事情成功，功劳归于王；如果失败，我们自己承担罪责。"

汉高祖八年（前199年），刘邦路过赵国，贯高等人在刘邦要经过的柏人这个地方安排了伏兵，准备刺杀刘邦。刘邦经过柏人，询问手下这是什么地方，手下回答说是柏人。刘邦说：

"柏人，就是被人迫害，地名不好。"

于是，刘邦没有停留就离开了，贯高等人的计谋也没能实施。

一年后，贯高的仇家知道了他们曾经谋划刺杀刘邦的事情，并且告发了他们。皇帝下诏逮捕赵王张敖以及所有参与谋反的人。赵午等人纷纷想自杀，而贯高大骂说：

"谁叫你们这样做的？大王本来没有参与我们的阴谋，现在一起被抓了，你们都死了，谁来证明大王的清白？"

于是，他们一起被装在囚车里运到长安。

到长安之后，贯高等人受到严刑拷打，挨了几千板子，身体也被刑具刺得体无完肤，但是坚持咬定刺杀刘邦是自己的主意，与赵王无关。

吕后心疼女儿，对刘邦说，张敖是自家女婿，应该不会造反。刘邦大怒说：

"若是让张敖取得天下，难道还会考虑你的女儿吗？"

这时候负责审理案件的廷尉把贯高的供词报告刘邦，刘邦不禁赞叹：

"真是壮士啊！"

但是，他还是不放心，就找到跟贯高有私交的中大夫泄公再去私下问贯高。

贯高对泄公说：

"人之常情，哪里有人会不爱自己父母、妻子、孩子的？现在我的三族都被判死刑，怎么会用大王的命来交换我家人的命呢？希望您对皇帝说明大王的确没有参与，只是我们几个干的。"

泄公把这些话都告诉了刘邦，刘邦终于赦免了赵王。

贯高的硬汉性格给刘邦留下了深刻印象，他决定也赦免贯高。但是贯高却说：

"事情败露我被打得体无完肤时没有死，只是为了说明大王没有造反。现在大王已经被释放，我的任务也完成了。何况作为人臣有弑主的罪名，还有什么面目再侍奉皇帝呢？"

于是，他断颈自杀了。

贯高的罪名是阴谋刺杀皇帝，刘邦最后竟然赦免了他，无疑是被他的大义凛然所打动。面对生死，贯高最初选择的是忍辱偷生，坦然面对严刑拷打和家族被灭的灾难，而当张敖终于被释放，目的已经达成，则坦然赴死。这样的坦荡磊落，超出懦弱无能的张敖不知多少，更超出见利忘义的张耳、陈余不知多少。王羲之曾说："死生亦大矣。"面对生死，每个人的看法、做法可能都有所不同，但是能做到如贯高前忍辱偷生，后又坦然赴死者，实在太少了。

说起坦然赴死，《史记》里记载的田横五百壮士的故事更是让人唏嘘不已。

秦末大乱，群雄逐鹿，原来六国的一些贵族也趁机起兵反秦，想恢复故国，齐国贵族田横就是其中的一个。田横趁刘邦和项羽争夺天下的时候，率兵收复了齐国的城邑，成为一支不可忽视的力量。田横平定齐地三年后，刘邦派郦食其劝降田横，田横听从了劝说，并撤掉了防御部队。谁知道，韩信在谋士蒯通的撺掇下，不愿郦食其独得功劳，擅自发兵，趁齐不备攻打，击破了齐的历下部队。田横大怒，烹杀郦食其，投奔当时处于中立地位的彭越。

一年多以后，项羽被剿灭，汉朝建立，田横害怕被诛杀，就率领手下五百余人，逃到海岛上。田横兄弟本来就是齐国贵族，在齐国深得民心，刘邦怕他留在海岛上会成为隐患，就派使者招降田横，并承诺会赦免他。田横说：

"我曾经杀了陛下的使者郦食其，现在听说他的弟弟郦商在汉为将，我怕遭到他的报复，我希望能当一个老百姓，在海岛上终老。"

刘邦知道之后，派遣使者对郦商说：

"田横投降之后，你敢动他一根毫毛，诛杀三族！"

之后，第二次派遣使者招降田横：

"田横投降，大者封王，小者封侯，不来的话，皇帝马上派兵诛杀！"

田横无奈，与手下二人前往雒阳。

距目的地还有三十里的时候，田横说：

"臣子见天子应当沐浴以表示恭敬。"

于是在旅舍中住下。田横对两个手下说：

"以前我和刘邦都是诸侯，现在他当天子，而我成为俘虏，这已是奇耻大辱。何况我也不能与被我杀了兄长的郦商一起并肩侍奉皇帝。皇帝之所以想见我，无非是想看我的面貌罢了，现在相距三十里，如果砍了我的头，骑马把我的头带给皇帝，面貌还不至于改变。"

于是，田横自杀，让手下带着自己的头去见刘邦。刘邦知道之后大惊，为之流涕，拜田横两个手下为都尉，派两千士兵，以王礼埋葬了田横。

田横下葬之后，两个手下在墓旁挖了个洞，然后自杀，倒在洞里，以身殉主。

刘邦知道之后大惊，说我知道田横的门客都是壮士，但是也没有想到会这样。听说田横还有五百多手下在海岛上，就又派使者前去招降。然而，这五百余人听说田横已死之后，全部跳海自杀。

司马迁在叙述这个故事的时候，文笔简练得令人惊叹。也许他明白：在叙述这种惊天动地的故事时，任何枝蔓和修饰都是多余的，刀锋一样尖锐的故事，就应该用刀锋一样干净锋利的文笔来叙述，而不是描绘。因为，真正打动人的绝不是矫揉造作的辞藻，而是用最平静的语气叙述的最直接的事实。也许，鲁迅称《史记》为"无韵之《离骚》"，原因就在于此吧。

因此，面对这样的故事，无论什么样的评价都是苍白的。从那以后，五百门客自杀的那个岛就被命名为田横岛，这个名字一直沿用至今，这本身就已经足够说明任何问题了。

但是，司马迁仍然在传后的评论中不无遗憾地说：

"这世上并非没有擅于画画的人，可是为什么就没人想起给田横和他的五百壮士画像呢？"

在司马迁之后漫长的封建社会中，有没有画家以田横之事为绘画题材，我不知道，但是我想，应该是有的吧。因为，我一直相信，一个多灾多难的民族，之所以能从筚路蓝缕走到今天，其背后必然有支持着这个民族的最根本的精神力量。这种力量，或者叫血性，或者叫骨气。

而两千年之后的二十世纪三十年代，一位画家以田横五百壮士为题材，完成了自己的成名作，他把自己的形象也融入了画中，作为田横的手下之一。他通过这种方式，对这些两千年前的血性男儿表示了自己的敬意。这位伟大的画家就是徐悲鸿，他用西洋油画的技法诠释了一个纯粹中国的主题，似乎也是在通过这种方式，向全世界的人宣告，即使经过数千年的艰难曲折，有一种精神，在国人心中，仍然通过发黄书简上的文字，通过口传心授的故事，一代代没有间断地传承了下来。这种精神，用他自己曾经说过的一句话来概括最恰当不过了：

人不可有傲气，但不可无傲骨。

但是，生存与死亡，仍然是一个重大的问题。

激于义而死与忍辱苟活，到底哪一个才算是对生命的尊重，似乎很难找到正确答案。田横及五百壮士慷慨赴死固然令人景仰，但是贯高为了澄清赵王冤情而凛然面对严刑拷打和灭族之灾也让人动容。而在汉初，还有一个人也曾经面临生与死的沉重抉择，这个人就是季布。

季布原来是楚国人，为人好侠气，曾经当过项羽的将军，在战争中多次险些置刘邦于死地。项羽死后，刘邦悬赏千金捉拿季布，还宣布谁敢藏匿季布，就诛灭三族。当时，季布躲在河南濮阳一个姓周的人家，周氏说：

"陛下悬赏捉拿您非常紧急，马上会搜寻到我这里来了，您愿意听我的，我就给您出主意；不愿意听我的，请让我先自刎。"

季布答应听周氏的。周氏就剃了季布的头发，给他穿上粗布衣服，打扮成奴隶的样子，把他和十几个奴隶一起，卖给了鲁国的大侠朱家。朱家知道这人就是季布，把他买来之后就安排在田里，并且告诫自己的儿子说：

"这奴隶干活不干活你都别管他，给他好吃好住，不要难为他。"

之后，朱家又去见刘邦的大臣，汝阴侯夏侯婴：

"季布当时追杀皇上，也是各为其主，他有什么罪呢？而且朝廷通缉季布，他肯定会流亡到匈奴或者南越，这不是把壮士送给敌国吗？"

夏侯婴心里也知道朱家是著名的大侠，季布肯定躲藏在朱家家里，就找了个机会，按照朱家的意思奏明了刘邦，刘邦果然赦免了季布，拜他为郎中。当时的人不仅赞赏朱家的侠义，也赞赏季布能忍辱负重、东山再起的精神。后来，季布官至郎中令、河东守。

《汉书》中武帝以前的内容基本上是抄《史记》的，所以，班固对季布的评价和司马迁的其实也是一样的，他说：

"项羽本来就是以勇猛出名，季布在他手下还勇冠三军，屡立战功，的确可谓壮士了。当他被当作奴隶而受辱时，他没有寻死，而是坚韧地活了下来，为什么？因为他自负其才，知道自己的才能还没有施展出来。"

班固还跟着司马迁不无感慨地说：

"那些婢妾贱人，有一点儿不如意就自杀，他们并不是勇敢，只是无法想到出头的方式罢了。"

说起忍辱负重，很多人都会想起韩信胯下之辱的故事，其实，在那件事之后，韩信当了项羽的部下，后来又投奔刘邦，当了一个管理仓库的小官。有一次，他和其他十多个人犯法被判处死刑，当前面的人都引颈受戮之后，韩信直着脖子大喊：

"主公不是想得到天下吗？为何斩杀壮士！"

当时监斩的，恰好也是后来的汝阴侯夏侯婴，夏侯婴觉得这人出语不凡，就把韩信解救下来，跟他谈了几句，觉得韩信不同凡响，就推荐给了刘邦。刘邦任用韩信为治粟都尉，使他走上了建功立业的第一步。

也许，韩信在受胯下之辱和险些被杀的时候，心里想的大概就是，不能让自己一身的才华随着生命的消逝而化为乌有，只要留得青山在，就不怕没柴烧！文天祥在《〈指南录〉后序》中说的"将以有为也"，其实就是对这种生死观的最好诠释。

可是，当生死徘徊在尊严和未来的十字路口时，谁能有确切的答案，告诉自己，到底应该选择哪条路呢？

项羽选择自刎于乌江，因为对他来说，不仅被刘邦俘虏是一种侮辱，就是回到江东也是一种侮辱，因为跟着他出生入死的八千子弟兵，全都埋骨他乡，他已无颜再见江东父老。项羽并不是没有东山再起的机会，江东子弟多才俊，卷土重来未可知，但是，在尊严和未来面前，他毅然选择了前者。

在我的记忆中，另一个为了尊严而死的，是著名的翻译家傅雷先生。

1966年,"文化大革命"刚刚开始,9月2日的夜晚,或者9月3日的凌晨,傅雷先生服毒自尽。两小时之后,他的夫人朱梅馥从一块土布做成的被单上撕下两条长结,打圈,系在铁窗横框上,随夫君而去。

在这样的傲岸和惨烈面前,再对傅雷夫妇指指点点的人也太没心肝了。傅雷先生在他翻译的《约翰·克利斯朵夫》结尾处曾经以热情洋溢的笔调赞美了未来的日子。他说,未来的日子就是那个趴在巨人肩上渡河的小孩,当黑夜来临,水流湍急,未来的日子在巨人肩上越来越沉重,但是黎明的曙光是不可阻挡的。所有的一切,必将冲出黑暗,沐浴在晨曦之下。他比谁都明白未来,比谁都坚信未来,可是,在尊严和未来之间,他选择了前者。

为了尊严而死,忍辱负重而活,哪一个更勇敢?哪一个是对生命最神圣的尊重?活着,还是死亡?哈姆雷特在丹麦的宫墙下提出的问题,几百年来,一直在拷问着徘徊在两者之间的人们。

于是,我想起了谭嗣同,他在著名的《狱中题壁》一诗中,把逃跑保命、以图东山再起的康有为、梁启超等人比为汉代望门投止的张俭和忍死求生的杜根,而他自己却坚决地选择了死。诗的最后一句,给出了他关于生死问题的答案:

去留肝胆两昆仑。

不管是逃跑,还是留下,谭嗣同都对其表示了最高的敬意。因为,这些都是凭着一身肝胆郑重做出的选择,而一旦做出,便无怨无悔。

是的,不管是为了未来忍辱偷生,还是为了尊严慷慨赴死,其实都是对生命的最高的礼敬。因为,生命的价值并不取决于长度,而是你选择长度的方式。

最后我们再回到两千多年前那场流产的刺杀案。贯高以自己的倔强和从容不仅打动了刘邦,也澄清了赵王张敖的冤情。一切真相大白之后,贯高从容赴死，其他跟随来京城的臣子被释放。赵王也被释放，贬为宣平侯，他对跟随自己进京以性命为自己辩解的臣子们十分感激，向朝廷推荐了他们。皇帝悉数召见，谈话之后，发现朝廷的大臣竟然多赶不上他们，于是全部予以重用，任命为郡守、诸侯相之类。

在这些人当中，有两个人最有名，一个叫田叔，一个叫孟舒。

三个好朋友的苍凉人生

田叔和孟舒最早都是赵王张敖的臣子。田叔以前是齐国王族后裔，喜欢剑术，也学习黄老之术，也就是道家学说。《史记》记载田叔喜欢结交朋友，赵国人就把他推荐给赵国国相赵午，赵午又把他推荐给赵王张敖，田叔在赵王手下担任郎中。由于他直言敢谏，深得赵王赏识，赵王正想升他的官，结果就发生了贯高、赵午及田叔等人谋划刺杀高祖刘邦的案子。

案件平息之后，赵王被贬为宣平侯，除了自杀的贯高之外，其他跟随他一起到京城的大臣都受到刘邦的赏识，被委以郡守、诸侯的王相一类的要职。田叔被任命为汉中郡守，孟舒被任命为云中郡太守。

一晃十多年时间过去了，这十多年间，高祖驾崩，吕后专权，诸吕作乱，之后又被平定。白云苍狗，波谲云诡，扑朔迷离。

公元前180年，周勃、陈平等老臣剿灭诸吕，迎代王刘恒进京为帝，这就是汉文帝。

汉文帝是刘邦的第四子，并非嫡子，而是刘邦的妃子薄姬所生，本来是没有资格继承皇位的。刘邦死后，即位的是他的嫡长子刘盈。刘盈二十三岁就死了，吕后立他的儿子刘弘为帝，是为少帝。诸吕被剿灭之后，大臣们说刘弘不是孝惠帝的亲生儿子，应该另立皇帝，于是选中了代王刘恒。

刘恒一开始并不相信这是真的，认为可能是大臣想把自己骗到京城杀掉，一路上都走得胆战心惊。直到终于进了皇宫，才相信自己竟然当皇帝了。

帝位来之不易，文帝这皇帝也就做得如履薄冰。他除了安抚好周勃、陈平一帮老臣之外，也时刻注意在朝臣中寻访贤才。有一天，文帝召见了汉中太守田叔。

文帝问：

"先生知道谁是现在天下的忠厚长者吗？"

田叔一开始还故作谦虚：

"臣哪里有资格知道。"

文帝没有放弃：

"您自己就是长者，您应该了解。"

有了皇帝的鼓励，田叔胆子大了起来：

"前云中太守孟舒就是长者。"

汉文帝一听脸色就沉了下来。因为当时孟舒刚刚被免官，原因是匈奴大举入侵，孟舒抵御不力，云中受害严重。于是，文帝不高兴地说：

"先帝让孟舒担任云中太守十多年，匈奴一进犯，孟舒不能抵御，士卒战死了几百人，长者难道就是喜欢杀人的人吗？你怎么能说他是长者呢？"

田叔没有退缩，反而坚持己见：

"这正是我称孟舒为长者的原因！当初贯高谋反，皇帝下诏，大臣有敢追随赵王的，夷灭三族。但是孟舒自己剃光头发（汉代刑罚之一），戴上刑具，跟随张敖，舍命保护，那时候怎么知道自己以后会成为云中太守！大汉建立不久，楚汉之争已经使士卒疲惫，匈奴冒顿单于刚刚降服了北夷，乘胜攻击大汉。孟舒知道士卒疲惫，不忍让他们迎敌，但是士卒争着上城死战，像儿子为了父亲，弟弟为了兄长，因为这个原因才数百人英勇战死。孟舒难道是故意让士兵去送死的吗？这就是孟舒是长者的原因！"

汉文帝听后为之动容，长叹一声：

"孟舒的确是贤才！"

因此，文帝重新召回孟舒，继续担任云中太守。

几年后，田叔犯法被免官。正好当时出了一件案子，梁孝王派人刺杀了大臣袁盎。此时文帝已经去世，即位的景帝召回田叔，让他查办此案。田叔办案深得景帝赞许，被任命为鲁国相。

田叔当鲁国相几年，深得上下拥护，后来他死于任上。鲁王送来一百斤黄金给他做祭礼，却被他的小儿子拒绝了，并且说：

"不能因为一百斤黄金而辱没了先人的名声。"

他的小儿子叫田仁，田仁有一个好朋友，叫任安。

田仁和任安有一个共同的好朋友，叫司马迁。

田仁拒绝了鲁王赠送的黄金，再加上他父亲田叔为官清廉，所以家境贫寒，无奈之下，他只好到大将军卫青家当门客。就在这里，他认识了同为门客的任安。

任安是荥阳人，幼时丧父，家境清贫。曾经帮人赶车到长安，就留在那里，想找个事做，当个小吏，但是却没有机会。为了生计，他决定先在长安附近的武功落脚。武功是扶风附近的一个小镇，没有豪强，任安宁为鸡首，不为牛后，觉得在这里可以迅速建立自己的声望。

任安到了武功后，先是托关系当了亭长手下的求盗和亭父（汉代亭长有两个手下，一个是管清洁卫生的亭父，一个是管治安的求盗），后来又当上了亭长，和刘邦最初的官职一样。

武功的老百姓喜欢打猎，任安就负责给他们分猎获物，同时安排不同的人在围猎时担任不同的职位，大家都很高兴，说："我们围猎不会发生死伤，这都是任少卿分配公平的原因。"这时候，任安就已经显示出了他的管理才能。第二天再次出去围猎，乌泱泱几百人，任安眼睛一扫："某某的儿子叫甲的今天怎么没来呢？"众人都惊异他识人的迅速。就这样，任安一直做到俸禄三百石的地方官，后来因为皇帝出巡时他接待不周被免官。

免官后的任安走投无路，只好投奔到当时刚崛起的新贵大将军卫青门下，成为卫青的门客。由于家贫，没钱打点将军家管理门客的家监，所以很是受气。跟任安有同样遭遇的就是田仁，因为这一点，两个人成了好朋友，经常一起发牢骚。田仁不服气地抱怨：

"这家监真是狗眼看人低！"

任安附和：

"大将军尚且不识人，何况这小小的家监！"

两个人虽然是门客，却经常被当做奴隶一样对待。一次，卫将军让他俩跟随自己拜访平阳公主。公主家的人让他们俩和骑奴同在一张席子上吃饭。这两人拔刀割裂席子和骑奴分席而坐。公主家的人都惊异而厌恶他俩，也没有谁敢大声呵斥。有一天，皇帝下诏，要在卫青将军的门客中选择贤才任命为自己的侍从官。卫青就选了门客中富有的，让他们准备好华丽的鞍马、鲜明的衣服和奢侈的配饰，准备推荐给皇帝。正好少府赵禹到卫青家做客，将军就把准备举荐的门客叫来给赵禹看。赵禹挨个谈话，十多个人中没有一个通晓事理，有智谋的。赵禹说：

"我听说将门之下肯定有将种，这十多个人只是有点钱罢了，智商太低，就像木偶穿上了锦绣衣服一样！"

赵禹十分不满意，于是把卫青门客一百多人全部叫来问话，最后只挑选出两个人，就是田仁和任安。

任安说卫青不会识人，还真没冤枉他。赵禹走了之后，卫青对闹腾半天，结果挑出这两个穷鬼还是耿耿于怀，没好气地说：

"你们自己去准备鞍马新衣服吧！"

两人回答家贫，无力置办。

卫青大怒：

"现在您两位自己家里穷，为什么说出这样的话呢？愤愤不平的样子好像对我有过恩德，这是为什么呢？"

但是，大将军还是很不情愿地把两人推荐给了武帝。武帝与他们谈话之后，发觉两人不仅有勇有谋，而且互相谦让。武帝十分赏识，分别授予两人官职，两人也因此名震天下。

这时候的两人并不知道，一场巨大的灭顶之灾正在悄悄降临，这就是震惊西汉朝野的巫蛊之祸。

"巫蛊",是指以民间迷信作为观念基础而实施的加害于人的一种巫术形式。具体方法就是以桐木制作成小偶人,上面写上被诅咒者的名字、生辰八字等,然后施以某种魔法或诅咒,将其埋放到被诅咒者的住处或近旁。使用巫蛊的人相信,通过这样的法术,被诅咒者的灵魂就可以被控制或摄取。

"巫蛊"曾经是妇女相互仇视时发泄私愤的常用方式之一。汉代宫廷妇女和贵族妇女中很多人因嫉妒而使用"巫蛊"之术,使得这种迷信意识对上层社会影响也很大。汉代有关这方面的记载史不绝书,诸如,武帝元光年间,皇后陈阿娇失宠,就曾使用巫蛊之术诅咒其情敌卫子夫。武帝觉知后将她废黜,女巫楚服及宫人牵连被诛者三百余人。

汉征和二年(前91年),年老昏聩的汉武帝怀疑有人用巫蛊诅咒自己,于是命宠臣江充调查此事。江充是个阴险狠毒的小人,他曾经跟太子刘据有矛盾,就趁机陷害太子。

江充先从其他大臣和失宠的后宫妃嫔入手,用诬陷和严刑拷打让人服罪,先后诬陷丞相公孙贺和他的儿子公孙敬声涉嫌巫蛊事,诅咒皇帝,事情牵连到阳石公主等贵戚。结果,公孙贺一家被灭族,连阳石和诸邑两位公主也被杀。之后,在江充的授意下,在太子宫中也挖出了"罪证"——巫蛊偶人。

此时,武帝因为患病在甘泉宫休养,皇后和太子在长安,江充断绝了他们与皇帝的一切联系,在巨大的恐惧下,太子刘据决定起兵自保。

七月壬午,太子在少傅石德的建议下起兵,假托皇帝的命令抓捕了江充,怒斥一番后杀掉了他,并杀掉了江充的帮凶胡巫。听到太子起兵的消息之后,政治经验丰富的汉武帝开始还是比较清醒的,他断定这是江充大兴巫蛊案,让太子害怕,所以被逼急了被迫起兵。他派出使者,让他召太子来甘泉宫见自己。谁知道使者被长安的大乱吓破了胆,不敢进城,回来谎称是太子要杀自己,武帝大怒;同时刚任命的丞相刘屈氂也被突然的变故吓呆了,脱身逃跑,连印绶都丢掉了。这无异于火上浇油,武帝更是怒火中烧,立即下诏要丞相捕杀叛乱者,格杀勿论。

太子迫于江充的构陷仓促起兵，最开始派侍从携带符节夜入未央宫，向皇后禀告了变乱之事，之后组织了一帮侍卫起兵。长安城里一片混乱，纷纷传言太子造反。为了充实兵力，太子持节到北军门外，召唤任安，要求他发兵。

一边是貌似造反的太子，一边是无法联系、态度不明的皇帝，任安在这种情况下做了大多数人都会做的选择。他出门，跪拜接受了符节，回身进入军门，之后则关闭大门再也没有出来。求兵不得的太子无奈，只好离去，将数万长安百姓强行武装起来。这时候，丞相刘屈氂已经受诏杀进长安，双方在长安血战五天，血流成河。临时武装起来的老百姓当然不是丞相手下职业军人的对手，太子大败，往城外逃去。

此时的田仁担任丞相司直，奉命把守城门。太子奔逃到此，田仁天真地以为太子与皇帝是骨肉至亲，于是就把太子放走了。

丞相刘屈氂得知田仁放走太子后大怒，逮捕了田仁，而御史大夫暴胜之说田仁是朝廷二千石大员，怎么能擅自逮捕斩杀。毫无主见的刘屈氂就又放了田仁。武帝知道此事后大怒，逮捕了暴胜之，责问他：

"田仁私放逃犯，违反国法，你怎么阻止刘屈氂抓他？"

暴胜之惶恐不安，被迫自尽。田仁也被重新逮捕，以私放太子的罪名被诛杀。

相比于田仁私放太子，任安的处理似乎更为稳妥一些，他没有发兵支持太子，而是紧闭军门不出，但是他不知道，即便这样，自己也难逃劫数。

武帝最初听到任安的做法，并没有怪罪任安，但是年老多疑的武帝仍对任安的行为表示疑惑。任安手下的一个小吏因为犯法挨了板子，为了报复，小吏上书告发任安，说任安曾经跟太子讨要好的装备，试图跟太子一起起兵。武帝大怒：

"这家伙是个老油子！看到变乱，就想坐观成败，为臣子的有二心！"

也许是为了证明自己的英明，武帝进一步声明：

"任安以前就犯了很多死罪，我都宽恕了他，他现在心怀诡诈，有不忠之心！"

可怜自以为处事稳妥的任安，仍然没有逃脱一死，最后被判腰斩酷刑。

当任安被绑在刑台上，等待巨斧落下将自己一劈两半时，他想起了自己曾经给好友司马迁写过的一封信。

那时候，自己还在担任北军护军，官高位显，意气风发。而司马迁因为替投降匈奴的李陵辩护而被下蚕室，受腐刑。在任安眼中，司马迁可谓一蹶不振。于是，他好心给司马迁写了一封信，语重心长地要他处事谨慎，要为朝廷推贤进士。

信发出后，司马迁一直没有回复。因为他知道，正处在人生顶峰的任安是无法理解遭受"最下腐刑极矣"的自己的。他更不能理解，司马迁受刑之后最大的人生目标已经不在这个看似煊赫强盛的朝廷，而在更深广、更遥远的未来。

直到任安被逮捕下狱，判处腰斩时，司马迁才写了回信，这就是著名的《报任安书》。

司马迁知道，任安位显名重时，是根本无法窥知强权对人的侮辱可以极致到什么程度。他宽解任安，即便是周文王姬昌、李斯、韩信、彭越、张敖、周勃、魏其、季布、灌夫这些权倾一时的王侯将相，也曾经饱受羞辱，低入尘埃之中。勇敢与怯懦是由局势决定的，而强弱不过是外在的表象罢了。

司马迁的聪明在于，他知道除非人有过同样的生命境遇，否则，人与人之间根本是无法理解的。在任安被判腰斩，在狱中受尽凌辱时，他告诉任安，这和自己被判腐刑时孤立无援、绝望到顶点的心理是一样的：

家贫，货赂不足以自赎，交游莫救，左右亲近不为一言。

他也知道，这时候的任安才能理解当初自己受刑之后的痛苦与悲凉：

> 是以肠一日而九回，居则忽忽若有所亡，出则不知所如往。每念斯耻，汗未尝不发背沾衣也！

与任安不同的是，司马迁在遭受腐刑之后，彻底对高高在上的王权失去了信心，他坚定地相信，真正永恒的价值不是未央宫高高的台阶之上的龙颜大悦，也不是高官们佩戴印绶的意气洋洋，更不是任安劝告自己的所谓处事谨慎、推贤进士，而是超越自己生命，乃至于超越自己所处时代的永恒与不朽。

在这封信里，残缺的司马迁告诉好友自己比任何人都有完整、宏伟的愿望：他要"网罗天下放失旧闻，略考其行事，综其终始，稽其成败兴坏之纪，上计轩辕，下至于兹……亦欲以究天人之际，通古今之变，成一家之言。"这是他忍辱苟活的真正原因，也是他修补残缺的身体，让自己在时间和空间上重归完整以至于不朽的真的秘密。他用这封信告诉即将走上刑场的任安，真正的人，其评判标准并不掌握在皇帝或者高官贵人手里，而是掌握在此后无尽的时空当中。皇帝会化为尘土，贵戚会只剩枯骨，曾经震惊一时的大事也会变成后人茶余饭后的谈资，但是伟大的文字仍会在青史书简中熠熠发光，照亮后人的路。

狱中的任安是否看过这封信，我们现在已经不得而知了。但是幸运的是，这封信和司马迁的《史记》一起留了下来，两千年之后，仍然以各种方式流传着，守护着权势之下被侮辱与被迫害的弱者最后的尊严。

小人的复仇

整个西汉历史中，戾太子事件大概是最大的一桩冤案了。造成这桩冤案的原因很多，诸如汉武帝与戾太子刘据政见不合、卫青势力被逐渐清算、朝廷内部势力纷争，等等。但是，在这场悲剧中，有一个人却是不得不提的，这个人就是江充。

江充本名江齐，本来是赵国邯郸的市井无赖，靠把妹妹嫁给赵国的太子刘丹而成为赵王的门客。当时的赵敬肃王刘彭祖本来就不是个什么好东西，在赵国，他可以说是无法无天，为所欲为。而他的儿子刘丹比其父更是有过之而无不及，仅仅在荒淫无道上，他就足以令人瞠目结舌。他后宫姬妾无数，连他父亲的后宫女子和他自己的妹妹也不放过。不久，他怀疑江齐将自己的事情告诉了父亲，于是派人追捕他。江齐改名为江充，逃到了长安。刘丹抓了他的家人，安个罪名，全部杀头。江充到长安之后，向皇帝告发刘丹，说他与姊妹奸淫，并交结郡国豪猾，有不轨之心。汉武帝大怒，派兵围住赵王宫，把刘丹扔进监狱，要处以死刑。赵王这时候上书朝廷，说江充是赵国逃跑的小臣，告发刘丹是为了报私仇。并且要求出击匈奴，为太子赎罪。武帝不为所动，仅仅是免去了刘丹的死罪，夺去了他的太子资格。

江充以一介草民的身份击垮了赵王父子，大获全胜，并且得到武帝的赏识。可是，这只是他复仇的开始。

赵王事件过后，武帝召见江充。江充魁梧伟岸，容貌气派，汉武帝十分喜爱，对左右说："燕赵真是奇士很多呵！"

此后，江充自愿出使匈奴，回来之后，就被拜为直指绣衣使者，掌管长安治安。上任之初，江充就对皇帝说，很多贵族大臣生活奢靡，应该没收他们的财产，然后把他们发配到北军，参加出击匈奴的军队。武帝同意了他的建议。于是，江充马上抓捕多名贵戚大臣，并且限制了他们的人身自由。大臣们十分惶恐，纷纷向皇帝求情，并且愿意出钱赎罪，皇帝答应了。几天之内，北军就多了数千万军饷。武帝十分高兴，认为江充忠直，十分符合自己的胃口。

初战告捷，江充又把矛头对准了地位更高的馆陶长公主。馆陶长公主叫刘嫖，是汉文帝的长女，景帝的姐姐，武帝的姑母。有一次，江充遇见刘嫖在驰道上通行。汉代的驰道是皇帝专用的道路，任何人在上面行走都是大不敬。别人对刘嫖的趾高气扬已经是习以为常，可江充却上前呵斥，问她为何如此放肆。刘嫖坦然地说：

"我有太后的诏书。"

江充回答：

"即使有太后的诏书，也只能你一个人走，其他随从不行。"

便把随从处罪，车马没收。

武帝知道之后，仍然认为江充是对自己忠心耿耿，对其更加信任。江充的势力越来越大，终于拿太子开刀了。

一次，江充跟随武帝到甘泉宫，遇到太子刘据的家臣驾车在驰道行驶，他马上把家臣逮捕交给小吏处理。太子知道之后，派人向江充谢罪说：

"我不是吝惜我的车马，只是希望这事别让皇帝知道，免得说我驭下不严，希望您宽大处理！"

江充根本不听，还是把这事上奏了武帝。武帝知道之后说：

"大臣就应该像江充这样啊！"

从此更加信任江充，江充威震京师。

此时的汉武帝已到晚年，时间的流逝与对权位的迷恋使他更加多疑。长期和方士打交道，使得汉武帝对怪力乱神深信不疑。于是，丞相公孙贺的巫蛊事件成了整个巫蛊事件的导火线。

征和二年（前91年），阳陵朱安世举报丞相公孙贺和他的儿子公孙敬声涉嫌巫蛊事，诅咒皇帝，事情牵连阳石公主等贵戚。此时的汉武帝已经重病在身，江充趁机说皇帝的病因就是这些乱党用巫蛊诅咒皇帝。武帝谁都不信任，只把案子交给了江充审理。江充率领巫师掘地找到了巫蛊用的偶人（多认为是他栽赃），然后严刑拷打有关人员，逼其认罪。结果，公孙贺一家被灭族，连阳石和诸邑两位公主也被杀。

处置了公孙贺父子之后，汉武帝已经处于精神崩溃的边缘，多次梦见有几千个木人，拿着兵器打自己。为了消除这一神秘的隐患，武帝任江充为使者，专门处理巫蛊事件。而得到皇帝委任的江充，直接就把矛头对准了太子刘据。因为他知道，皇帝的时日已经不多了，而自己因为驰道事件得罪过太子，同时自己还借武帝之威，制造了无数的冤案。如果武帝驾崩太子即位，自己很可能死无葬身之地。于是，他对武帝说：

"宫中巫蛊之气甚重，要查得先从宫里查。"

他首先从不受武帝宠幸的夫人入手，之后就查到其实已经失宠的皇后卫子夫宫中。之后，在江充的授意下，手下从皇后的儿子——太子刘据宫中地下"挖"出了罪证——巫蛊偶人。

此时，武帝有病在甘泉宫，皇后和太子在长安，江充又封锁了他们来往信息的渠道。于是，太子在少傅石德的建议下起兵"行大事"。

七月壬午日，太子矫诏收捕江充，大骂他说：

"你这赵国的奴才！乱了赵王父子还嫌不足吗？还要来乱我父子！"

之后斩杀江充，将江充的帮凶胡巫烧死，之后举兵。武帝得知消息之后，立刻下令关闭城门，命丞相刘屈氂派兵围剿。战斗持续了二十多天，死者上万人，太子兵败，逃到湖县泉鸠里，后被追捕的官吏发现，自杀。太子的母亲，皇后卫子夫也含恨自杀。

班固把江充与蒯通、伍被、息夫躬一起列传，认为他们都是孔子所说的"恶利之口覆邦家"的典型。其实，"恶利之口"只是表象，江充更像一个于连式的复仇者。

在以险恶著称的赵国宫廷中，江充凭着自己妹妹的美色和自己的机智爬上了赵王上客的宝座，如果从此他可以求得平安甚至富贵，也许，以后的一切都不会发生。但是，一个出身低贱的门客，即使表面上风光无限，他的小命还是牢牢攥在权位者的手里的。仅仅是莫须有的一个怀疑，就可以让江充遭灭门之祸，亡命天涯。因此，汉代那些出身低微的酷吏对皇亲贵族向来有不共戴天之仇，并且随时准备以自己的生命来实现自己作为卑微者的复仇。朱父偃曾说："且大丈夫生不能五鼎食，死即五鼎烹耳！"这种不管不顾的亡命徒精神，使他们在行动的时候毫无顾忌，不择手段，更没有底线。更重要的是，江充明白，在这个权位就代表一切的帝国里，自己只有一条路：不断地向权位挑战。从他扳倒赵王父子开始，他就明白，自己从此走上了一条不归路，索性一条道走到黑。因此，在获得武帝赏识之后，他每次行动都是拿贵戚开刀，从一般的皇亲国戚，到皇帝的姑母馆陶长公主，再到皇帝的接班人——太子。太子被江充杀死了，巫蛊事件过后，汉武帝终于明白太子是被冤枉的，于是下令灭了江充的三族。但是，从某个角度来讲，最后的胜利者仍然是江充。因为他的复仇，已经走到了这个专制帝国权力的尽头——诛杀了太子，其实也就是变相诛杀了皇帝。

历朝历代，对江充的评价，都说他是一个"权奸"，就连颇有些反骨的李贽，也在他的《藏书》中把江充归入"贼臣传"内。但是，江充实质上，只是一个小人，这里的小人，更多的是言其地位和出身。江充的不择手段固然让人痛恨，但是，在专制社会里，除了像于连一样不断地消灭自己的对手往上爬，不断地复仇，他还有什么选择呢？而且，作为复仇者，江充远比于连走得远，也远比于连成功。

那些犯二作死的官二代

古代帝王、诸侯、高官等死后，朝廷会根据他们的生平业绩授予一种用以褒贬善恶的称号，这就叫谥号。谥号大致可以分为表扬、同情和批评三类。第一类如：慈惠爱民曰文，绥柔士民曰德，照临四方曰明。第二类如：未家短折曰伤，短折不成曰殇，在国遭忧曰愍。而批评的谥号称为恶谥，如：好乐怠政曰荒，好祭鬼怪曰灵，杀戮无辜曰厉。淮南王刘长死后谥为"厉"，凭这个我们就大致知道这是怎样的一个王爷了。

刘邦一共有八个儿子，长子是他平民时搞婚外情跟一个姓曹的女人生的儿子，叫刘肥，后来封为齐王；二儿子也是嫡长子就是吕后生的刘盈，即后来的孝惠帝；三子是戚夫人生的如意，差点被立为太子，后来被吕后毒杀；四子是薄姬生的刘恒，被立为代王，后来当了皇帝，也就是汉文帝；五子刘恢，被立为梁王；六子刘友，曾被立为淮阳王；最小的是被立为燕王的刘建；第七个儿子就是淮南厉王刘长。

刘长其实是刘邦计划外生育的产物。事情得从高祖八年说起。那一年，刘邦带兵去打匈奴，谁知道中计被围白登山，最后好不容易才突围出来。回朝廷的路上，路过赵国。当时赵国国君是张耳的儿子张敖，因为他娶了皇帝的女儿鲁元公主，所以也就是皇帝的女婿。皇帝兼老丈人驾到，赵王自然竭尽所能恭敬侍奉。为了丰富老丈人的业余文化生活，女婿给老丈人献上了美人。而刘邦临幸之后，这个美人居然就有了身孕，她就是刘长的母亲。

为了表示对领导战斗过的地方的敬仰，赵王不敢让美人再住在宫里，而是在外面修了个宫殿让她居住，本打算小皇子生下来就送到长安去，谁知道这时候却发生了赵王臣子贯高等谋刺皇帝的案子（参看《生存还是死亡，这是个问题》）。事情败露之后，赵王及其大臣和他的后宫亲属全部被逮捕关押，美人也在其中。她央求狱吏说，自己曾经跟皇帝有一夜情，已经生下了龙子。狱吏把这件事禀告了刘邦，刘邦正在气头上，他逃命的时候连自己和吕后生的一双儿女都可以扔掉（参看《时无英雄，遂使竖子成名》），哪里会理会这个萍水相逢的女人和外面的野种？无奈之下，美人的弟弟赵兼就去求辟阳侯，希望通过他向吕后求情。

辟阳侯名叫审食其，是刘邦的同乡，也是他的门客。刘邦在外参加反秦战争和跟项羽争夺天下时，审食其就在家里负责照顾刘邦的家人。曾经和太公、吕后一起被项羽俘虏，后来被一起放还。在血雨腥风的峥嵘岁月中，他与吕后结下了深厚的情谊，成为皇后的绯闻男友。这事天下人皆知，刘邦不知道是心胸过于宽广还是忙于在外寻花问柳，对此不闻不问。后来刘邦驾崩，孝惠帝即位。新皇帝对这个隔壁老王耿耿于怀，想除去他。因为朋友帮忙，审食其逃过一劫。而这时，刘长的母亲就把最后一丝希望寄托在了审食其身上。

《史记》和《汉书》记载都说，审食其还是向吕后求情了，但是向正室求情，想要放过老公在外面的情人还有野儿子，这本身就是与虎谋皮的事情，结果自然是吕后置之不理。审食其的身份更为尴尬，向情人请求，让她去求老公放过他的情人，这弯也绕得太复杂，说起来都拗口。此时，刘长的母亲知道一切希望都已断绝，就在狱中自杀了。

刘长母亲自杀后，狱吏抱着还在襁褓中的刘长禀告皇帝，加之贯高谋反案也已查明与赵王张敖无关，怒气平息的刘邦此时也有些后悔了，就命令吕后抚养这个孩子，把他母亲安葬在她的家乡。

汉高祖十一年，淮南王英布造反，刘邦御驾亲征去讨伐英布。既然异姓的淮南王已经是反贼了，显然得重新封王。刘邦就封刘长为淮南王，享有英布以前的封地。这一年，刘长刚刚三岁。

也许是因为这个孩子太小，不像齐王刘肥、赵王如意等可能对太子的帝位构成威胁，吕后对刘长倒是恪尽抚养之责。所以刘长没有像他们几个一样遭到吕后毒手。吕后去世之后，陈平、周勃诛杀诸吕，废掉了吕后立的恭帝，迎立刘邦第四子代王刘恒即位，是为汉文帝。

在此之前，刘邦长子刘肥已经去世，赵王如意被吕后毒死，梁王刘恢被吕后迫害，被迫自尽，淮阳王刘友被吕后饿死，燕王刘建也死于非命，加上驾崩的孝惠帝刘盈，刘邦的八个儿子只剩下文帝刘恒和淮南王刘长了。作为当今皇帝唯一的弟弟，刘长自然地位尊贵，加上年幼时的遭遇，这使他养成了骄横跋扈、不可一世的性格。皇帝出猎，经常邀请他同乘一辆车，他称呼皇帝时也不称"陛下"，而是称"大哥"。也许他认为这样叫表示亲近，但在其他人看来，却是严重违反礼法的。文帝即位后不久，他就做了一件惊动朝野的事情。

刘长对自己母亲的死一直耿耿于怀。在他看来，辟阳侯审食其是造成这个悲剧的主要原因。于是，有一天他去拜访辟阳侯。等他出来之后，刘长拿出藏在袖子里的铁锤捶击辟阳侯，又命随从魏敬杀死了他。事后，刘长驰马奔至宫中，脱下上衣到皇帝跟前请罪。说是请罪，理由却振振有词：我母亲本不该因赵国谋反事获罪，辟阳侯审食其有能力向吕后求情，但是他没有，这是罪行之一；赵王如意无罪被吕后杀害，辟阳侯也没有劝谏，这是罪行之二；吕后封吕氏家族为王，危害刘氏政权，辟阳侯没有反对，这是罪行之三。我是为天下人诛杀乱臣贼子，为母报仇，现在特来向皇帝请罪。

刘长的理由看似很充分，眼明人还是看得出他的小算盘：他母亲自杀的直接责任者应该是他的老爹先皇刘邦，再不成也应该是皇后吕雉，怎么会怪到帮腔不力的审食其身上？究其原因，无非是皇帝和皇后他惹不起，也只好拿审食其出气。而且他也料定，吕后死后，这个皇后的前情人早已失势，孝惠帝时就想杀掉他被他躲掉了。现在文帝即位，这个人的死活也不太会有人关心。更关键的是，自己是皇帝唯一弟弟的身份就是最大的免死金牌，至于那些冠冕堂皇的理由，只不过是走个过场罢了。

果然，文帝觉得他也是为母报仇，又是自己同父异母的弟弟，不好治罪，只好赦免了他。

这时候，上至太后，下至王子和诸大臣都十分害怕刘长，他也越来越骄横。回到淮南封地之后，他不遵循汉朝法令制度，宫室、车骑都模仿皇帝，给皇帝的奏章上，语气也桀骜不驯。文帝不好撕破脸亲自责骂他，就授意自己的舅舅，当时任将军的薄昭以家族长辈身份给刘长写了一封措辞严厉的信。

这封信里薄昭历数了刘长的种种不法行为，并警告他：周公为了天下可以诛杀管叔，流放蔡叔；齐桓公为了政权杀了哥哥公子纠；秦始皇杀掉了母亲与嫪毐私通生下的两个孩子，囚禁了生母。在皇权面前，亲情是不堪一击的。如果刘长再不悬崖勒马，后果不堪设想。

刘长收到信之后不仅没有悔改，反而密谋勾结闽越、匈奴谋反。事发后，刘长被召到京师，朝臣审理之后，认为刘长谋反事实确凿，应处极刑。文帝下诏，说不忍心处死这个骄横的弟弟，要求列侯重新商议。列侯商议的结果是维持原判，文帝下诏赦免刘长死罪，废掉他淮南王的封号。大臣又上书，认为这样对他太宽容，要求把他流放到蜀郡。于是，皇帝命令诛杀参与谋反的刘长的所有手下，让刘长带着亲信十人流放到蜀郡。

曾经不可一世的淮南王刘长落得如此下场，在流放的途中就死了。他死后，路上的地方官因为害怕这个残暴的王爷，不敢打开车门探视，直到走到扶风雍县的时候，县令才大着胆子打开车门，发现刘长已死，慌忙报告皇帝。关于他的死因有两种说法，一个说他是自己忧愤绝食而死，一个说是皇帝派人杀掉了他。

刘长真正的死因现在已经无法查考，但是皇帝唯一弟弟的死在当时引起了很大的震动。民间流传一首民谣说："一尺布，尚可缝；一斗米，尚可舂。兄弟二人，不相容。"这首民谣让汉文帝十分尴尬。他下令诛杀了路上所有不敢打开车门的地方官，又厚葬了刘长。

但是坊间还是有一些难听的传闻，汉文帝抱怨说："难道大家以为我处置淮南王是想贪图他的土地吗？"为了避嫌，他把刘长的四个当时年纪都只有七八岁的儿子封为侯，八年之后，文帝十六年（前164年），又把原来的淮南国一分为三，分别是淮南、衡山和庐江，封给刘长还活着的三个儿子，其中刘长的长子刘安就又被封为淮南王。

从学术上说，刘安是西汉王族中难得的人才，他是著名的文学家、思想家。史书记载，他不喜欢声色狗马，也不喜欢驰骋围猎，而是沉迷于读书，喜欢鼓琴，是一个非常文艺的王爷。他招纳了宾客数千人，著有《内书》二十一篇，《外书》无数，这就是传至今天的《淮南子》。我们现在知道的"嫦娥奔月""席不暇暖""长夜漫漫"就是出自这本书。民间还传说刘安是豆腐的发明人。

刘安文采斐然，汉武帝的时候重视文艺，也非常尊重这个文艺王爷。每次刘安上奏章，武帝写回信，总是要让当时的著名文士司马相如等认真检查草稿，确定文字无误之后才敢发出去。刘安入朝见皇帝，献上自己做的《内篇》，皇帝爱不释手，命令妥善珍藏。还请他做《离骚传》，他早上受诏，不到一天就完成了，深得皇帝器重。可是就是这样一个文艺范的王爷，最后也因犯二作死，阴谋造反而不得善终。

早在汉景帝三年（前154年），吴楚七国之乱的时候，刘安就险些参与了谋反。当时吴王刘濞派使者来相约起兵，刘安想发兵响应，但是淮南国相欺骗他说："大王如果一定要响应吴王，请让我来当将领。"刘安同意了。淮南相取得兵权后，就坚守不出，不听吴王号令而听汉军号令。也就因为此，叛乱平息之后，淮南王因为没有参与叛乱而得以保全。

刘安承袭的是他父亲淮南厉王刘长的爵位，和他父亲一样，他也喜欢招纳宾客，很多宾客就是他父亲刘长以前的手下。也许是由于不满自己父亲的横死，刘安一直心怀异志。建元六年（前135年），彗星出现，笃信神仙方术的刘安认为这是战争的预兆，于是加紧制造兵器，并用金钱贿赂其他诸侯国，拉拢同盟军。

就在刘安紧锣密鼓准备谋反的时候，却没料到祸起萧墙，他的阴谋败露了。

刘安有个女儿叫刘陵，生得伶牙俐齿，很有口才。刘安就给了她很多金钱，让她到长安当内应，交结皇帝左右，为叛乱做准备。刘安的太子叫刘迁，经皇帝安排，他娶了汉武帝皇太后的外孙，修成君的女儿为太子妃。刘安策划谋反，怕太子妃知道内情泄露出去，就跟太子密谋，让太子故意不亲近她，三个月不和她同席共寝。新媳妇十分委屈，请求回娘家，刘安装作无奈的样子答应了，还就此事上书谢罪。

本以为一场危机过去了，谁知一波未平一波又起，这次问题还是出在他那不争气的太子身上。

太子刘迁喜欢击剑，自以为武艺高强，无人能及。他听说郎中雷被剑术高超，就要跟雷被比试比试。雷被当然知道这是个苦差事，一再推辞，但是太子坚持要比剑。比试中雷被一再忍让，被宠坏了的太子却一再紧逼，雷被无奈，误伤了太子。太子大怒，雷被也知道自己闯下大祸，就请求自愿从军出击匈奴，想趁机逃离，但是被太子阻止，这让雷被更加恐惧，他知道自己早晚会被太子杀掉，就逃亡到长安，上书辩明自己无罪。

廷尉接到这个案子之后，把案子交给河南郡审理。按照程序，太子刘迁要到河南郡接受审讯。淮南王和王后以为谋反事情败露，计划不让太子去，同时发兵造反。可是淮南王又是一个犹豫不决的人，在生死关口，他始终下不了果断造反的决定。拖了十多天，皇帝又下诏说太子不用去河南了，就在淮南当地审理即可。谁知道事情的发展又得罪了另一个人，就是朝廷指派的淮南国的国相。他上书弹劾寿春丞，说他不及时把刘迁送到河南受审，犯了"不敬"之罪。刘安知道后急忙向国相求情，但是国相不听。事情越闹越大，在国相那里碰了钉子的刘安竟然上书告发国相。武帝就让廷尉审理此事，而在审理过程中，朝廷公卿发现了刘安造反的蛛丝马迹，请求马上逮捕淮南王刘安。

刘安彻底慌了，准备发兵。太子刘迁也积极献策，说愿意派人刺杀淮南中尉，夺得兵权，马上造反。

文艺男刘安的优柔寡断又一次暴露无遗。当时公卿要求逮捕刘安，但是汉武帝驳回了请求，派遣汉朝中尉段宏调查此事。刘安见段宏神情似乎很放松，态度温和，只是问雷被和太子比剑误伤太子的案子，根本就没有问自己造反的阴谋，自以为朝廷还不知道，心理又放松了很多，起兵的事情又被搁置了。

段宏回朝廷之后禀明了调查结果，公卿说："刘安阻止雷被从军出击匈奴，违反天子诏令，凭这一点就应该判处死刑！"武帝没有听从，而是下诏削除淮南国两个县的土地。段宏又再次到淮南国宣布诏令。刘安开始听说公卿主张杀掉自己，没有听说最后决定削夺自己的土地。听到段宏又来了，以为是要来诛杀自己，又跟太子密谋造反。段宏到了之后第一句话就是祝贺刘安，告诉他皇帝不会处死他。于是，刘安又犹豫了，决定暂时不反。事后，他哀伤地说："我行仁义之事却被削地，此事太耻辱了。"就这样反复折腾数次，天下人皆知刘安谋反只是时间问题。

从那以后，被削夺两县的刘安每天跟手下研究地图，制定作战计划，准备在皇帝驾崩之后趁乱起兵，夺取皇位。

但是，这次又出问题了，问题仍然出在他那个前世冤孽的宝贝太子身上。

刘安有个庶子叫刘不害，因为不是正妻的儿子，刘安也不喜欢。王后和太子都不把他当作家人。刘不害有个儿子叫刘建，对父亲遭受歧视很是不满，更气愤于他父亲不能承袭爷爷的爵位。因此他私下结交豪杰，想除掉太子，使父亲能够取而代之。太子知道之后，几次把这个侄儿抓起来暴打。刘建知道太子密谋想要刺杀汉中尉，就让人上书朝廷告发此事。朝廷知道后十分震惊，让有关官员审查此事，刘安谋反的具体计划逐渐浮出水面。

廷尉上书刘建告发的事情牵涉到太子刘迁，皇帝命令廷尉监和淮南中尉一起逮捕太子。淮南王想杀掉两位大臣起兵，但是中尉受诏不与淮南王相见，刘安的计划再次破产。最后太子看大势已去，决定自杀。可这倒霉孩子自杀都没能死成，足见其剑术拙劣。此时刘安的手下伍被又向朝廷告发了刘安谋反的所有事实，淮南王刘安、王后、太子以及在淮南国的宾客数千人全部被逮捕，淮南王在押解至京途中自杀，其他人最后也全部被诛杀。两代淮南王的谋反征程终于走到了尽头。

西汉第一任淮南王是英布。英布原来是项羽的得力干将，后来背叛项羽投靠刘邦，为刘邦最后取得天下立下了汗马功劳，和韩信、彭越一起被列为汉初三大名将。由于三人战功显赫，所以汉初韩信被封为楚王，彭越被封为梁王，而英布被封为淮南王。

草野起兵的刘邦深知权力诱惑之大，对异姓功臣他始终是心怀戒备的。因此，不久之后他就设计抓捕了韩信，废为淮阴侯，之后又杀掉了这个得力手下。紧接着，他又和吕后一起以造反为名逮捕了彭越。杀掉彭越之后，还把他剁成肉酱，分发给各个诸侯，以示警告。至此，三大名将惨死两个，剩下的英布成了惊弓之鸟，被逼造反。

英布的造反应该是在预料之中，也是正中刘邦下怀的——朕等你空出位子已经很久了。所以英布一造反，刘邦就忙不迭把自己才三岁的小儿子刘长立为淮南王，统治九江、庐山、衡山、豫章诸郡。

刘邦的想法很简单：非我族类，其心必异。天下是我姓刘的打下来的，怎么能让外家的人坐享其成！另一方面，他相信"血浓于水"，自己的兄弟儿子，当然胳膊肘是向内拐的。刘邦未必不知道就在他几十年之前的春秋战国，为了权力而父子相杀、兄弟相残的事例可谓数不胜数。就是在秦朝，胡亥为了上台，矫诏杀掉公子扶苏和其他皇子的事情也余响未绝——韩信、彭越、英布等异姓王靠不住，难道刘长、刘濞、刘安，这些儿子、孙子、侄子就能跟朝廷一条心吗？

但是，他也没有选择。

一个人是治理不了天下的，必须要大臣的辅佐。那谁才是可信的呢？刘邦曾对他老爹炫耀说天下是他打下的家业。在家天下的时代，权力只能是属于皇家的。所以鲁迅先生说"二十四史"不过是二十四家的家谱而已。皇帝未必不知道，在权力的巨大诱惑面前，即便是亲人也不可信任，可除了亲人，他还有谁可以信任呢？所以任人唯亲，不见得是出于对江山稳固的执着，更像是一种无奈之下的自我安慰。

而对于那些官二代来说，他们的选择只有一个：安享荣华富贵，万不可觊觎非分。最好的官二代就是奢侈、腐化的官二代。他们应该用对金钱、美色不倦的追求来替代自己对权力的梦想。你可以抢占民田，你可以欺男霸女，你也可以骄奢淫逸，只要不威胁到皇权，你就是一个完美的官二代。

但是，权力如一道绚烂美丽的金光在引诱着每一个衣食富足的官二代乃至官三代、官N代，使他们总是蠢蠢欲动，有所企图，哪怕路的尽头就是万丈深渊。其实他们大多数的企图不过是犯二作死。因为在锦衣玉食中成长起来的这些纨绔（注：八旗子弟是专指清朝时吧？）子弟，要不如刘长一样轻率莽撞，要不如刘安一样懦弱犹疑，早已失去了他们祖辈的勇气与智商，他们的结局，就像司马迁评价的一样：

父子再亡国，各不终其身，为天下笑。

最后，让我们再回到刘安谋反事件。客观地说，刘安最初只是不满自己的父亲刘长的死，还没有谋反的真实意图，而让他萌发此心的是一个朝廷重臣的一段话。建元二年（前139年），刘安奉命入朝，与他交好的一个大臣迎接他，很严肃地对他说："当今皇帝没有太子，大王您是高祖嫡亲的孙子，又喜欢施行仁义，天下人没有不知道的。如果有一天皇帝去世，除了大王，还有谁有资格当皇帝呢！"刘安听说之后大喜，从此开始积极为当皇帝做准备。

这个人就是时任太尉，后任丞相，汉景帝王皇后的弟弟，武安侯田蚡。

老炮儿和新贵的恩怨情仇

建元二年（前139年），与太尉田蚡的会面对刘安来说具有决定性的作用：国家最高军事长官太尉许诺自己将成为下一任皇帝，还有什么诺言比这个含金量更高呢？可以这样说，正是这个许诺，让刘安坚定了谋取皇位的野心。从另一个角度说，刘安全家的覆亡，田蚡是脱不了干系的。

田蚡是谁？他怎么能做出这么重大的承诺？

田蚡是汉景帝王皇后的胞弟，也是后来汉武帝的舅舅。

皇后姓王，怎么会有一个姓田的弟弟呢？这得从他们那个非同一般的母亲说起。

王皇后的母亲名叫臧儿，是以前燕王臧荼的孙女，也算是名门之后。汉朝建立之后，六国时期的贵族都沦落为平民，臧家也不例外。臧儿最先嫁给槐里的王仲为妻，生了一个儿子叫王信，又生了两个女儿。后来王仲去世，臧儿改嫁长陵田氏，生了两个儿子，一个是田蚡，一个叫田胜。而在王家生的大女儿，就是后来的王皇后。

当时，这个大女儿已经嫁给了一个叫金王孙的人，生了一个女儿。后来她母亲臧儿去占卜，结果说两个女儿以后都是大富大贵的命。臧儿觉得现在的金家女婿怎么看也不可能飞黄腾达，就要夫妻俩离婚，让女儿再嫁高门。金家当然十分生气，坚决不肯离婚，可是丈母娘又步步紧逼，金家一气之下，我得不到，你也别想得到，干脆把老婆送进太子宫，让丈母娘干瞪眼。

谁知道王氏进太子宫之后，竟然深得太子宠爱，还生了三女一男。当她怀着儿子时，曾经梦见太阳扑进了自己怀里。她把这事告诉太子，太子说："这是大贵的吉兆啊！"这个儿子后来生下来，起名刘彻，就是后来的汉武帝。

景帝最初的皇后并不是王氏。景帝的父亲是文帝刘恒，刘恒的母亲是薄太后。景帝还在当太子时，薄太后就为他指定了薄家的一个女子为太子妃，后来景帝即位，薄妃就成了皇后。可是皇后一直生不出儿子，又得不到宠爱，后来薄太后去世，薄皇后失去了靠山，皇后之位也就被废了。之后一段时间，汉景帝处于皇后空缺状态。

景帝的长子叫刘荣，他的母亲姓栗，被称为栗姬。由于皇后没有生育，所以刘荣被立为太子，也就是栗太子。但是栗姬却没有被立为皇后，皇后之位仍然空缺。

到最后，曾经先嫁金家，生了一女的王氏居然成了皇后，这可谓奇迹。而这其中，少不了一个重要人物的力量，这就是长公主刘嫖。

公主这个词源于先秦。当时周天子嫁女儿时，自己是不主持婚礼的，而叫同姓的诸侯主持。先秦实行公侯伯子男五等爵位制，而天子女儿的婚礼一般就交给公爵主持，所以就称为公主。到了西汉，只有天子的女儿称为公主，而诸侯的女儿则称为"翁主"。颜师古在《汉书·高帝纪下》"女子公主"条下解释说："天子不亲主婚，或谓公主；诸侯王即自主婚，故其主曰翁主。翁者，父也，言父自主其婚也。亦曰王主，言王为其主婚也。"而从汉代开始，当朝皇帝的姐姐就被称为"长公主"，先皇的姐妹就被称为"大长公主"。

而刘嫖是汉文帝的女儿，也是窦太后唯一的亲生女儿，更是汉景帝唯一的同母姐姐。她的封地在馆陶，所以也被称为馆陶长公主。

作为景帝的姐姐，刘嫖跟皇帝弟弟关系极好，景帝的后宫美人几乎都是通过她进宫的，而且她推荐的美人景帝都十分宠爱。长公主刘嫖有一个女儿，为了巩固自己的势力，她希望把女儿嫁给栗太子，亲上加亲，这也是当时的常态。可是没想到，栗姬竟然拒绝了！

栗姬显然不知道长公主权力的边界在哪里，更不知道自己这个轻率的决定将给自己和太子带来怎样的灭顶之灾。

在栗姬那里碰了钉子的长公主转而找到王夫人提亲，王夫人很爽快地答应了，让自己的儿子刘彻长大后娶长公主的女儿，这个女儿就是以"金屋藏娇"闻名的陈阿娇。

同王夫人结成同盟的长公主开始回过头来收拾不识抬举的栗姬。她对景帝说，栗姬和那些贵妇人聚会，经常让侍者在背后吐口水，搞巫蛊邪术。后宫女子搞巫蛊之术在汉代是十分忌讳的，因此，景帝逐渐开始不满于栗姬。

景帝后来身体不好，心情也很糟，他害怕自己要死了，就把自己的儿子们托付给栗姬，要栗姬在自己去世后好好抚养他们。谁知，栗姬竟然大发雷霆，决不答应。景帝十分愤怒，但是嘴上却什么也没说。

长公主刘嫖经常在景帝面前称赞王夫人，景帝也想起王夫人说的梦日入怀的事，已经萌发了重立太子的想法。王夫人这时候兵行险着，以退为进，暗中唆使大臣上奏皇帝，请求立栗姬为后。大行礼官不明就里，冒冒失失上奏请以太子母栗姬为后，正窝着一肚子火的景帝大怒："这是你应该说的吗？"下诏诛杀大行礼官。可怜礼官连什么情况都没搞明白，就成了老谋深算的王皇后的牺牲品。

景帝杀了大行礼官之后，索性废了栗太子，降为临江王，栗姬忧愤而死。最后，景帝立王夫人为皇后，她生的儿子刘彻为太子，并封皇后的哥哥王信为盖侯。景帝去世之后，太子刘彻即位，是为汉武帝。武帝即位后，就尊他的外婆臧儿为平原君，封他舅舅田蚡为武安侯，田胜为周阳侯。此前，臧儿还把自己的小女儿也送入太子宫，生了四个儿子，后来都封王，臧儿"两女皆富贵"的预言终于实现了。

田蚡虽然是王皇后的同母弟弟，但是由于长于民间，出身低微，所以在景帝早期并不起眼。那时候他只是担任个郎官的闲职，跟在朝廷的显贵后面亦步亦趋，人家喝酒他就去斟酒；人家骑马他就去牵马。而他侍奉最殷勤的一个人，就是当时的大将军魏其侯窦婴。

窦婴是汉文帝窦皇后堂兄的儿子。汉文帝即位后，他曾经担任吴国国相，后来因病免职。景帝即位后，窦皇后成了窦太后，窦婴担任詹事，这个官职主要是掌管皇后和太子的家事。

窦婴在朝廷初露锋芒是在梁孝王事件上。

梁孝王是窦太后的儿子，景帝的弟弟，窦太后很爱这个儿子。有一次，梁孝王朝见景帝，大家就在宫里摆家宴。当时景帝的栗太子被废，刘彻还未被立为太子。趁着酒兴，景帝说："我死后，就让梁王即位当皇帝。"太后一听大喜。正在这时候，窦婴举着一杯酒敬献景帝，说："天下是高祖传下来的天下，父子相传，这是大汉朝廷的制度规定。陛下怎么能够擅自传给梁王！"

自古天子无戏言。周代时，叔虞是周成王的弟弟，成王即位的时候还年幼，所以由周公旦辅政。一次，成王和叔虞两个孩子一起玩，成王把一片桐叶剪成玉圭的形状，对弟弟说：我把这个封给你。周公知道之后就问成王想把哪块地封给叔虞，成王说："我是闹着玩的。"周公旦严肃地说："天子无戏言，怎么能随便说说？"于是，成王就把叔虞封于唐。后来叔虞的儿子把国家迁到晋水岸边，改国号为晋。这就是春秋强国晋国的由来。

可以这么说，如果没有窦婴的力争，景帝的一时戏言很难说会不会成真。这样一来，景帝的儿子刘彻无法即位，自然就不存在什么汉武帝了，中国的历史很可能就要改写。而对于窦太后和梁孝王来说，到嘴的皇位居然被自家人打飞了，当然十分恼怒。

窦太后讨厌窦婴还有另外一个原因。西汉初年，朝廷主要的治国思想是老庄的无为之道，而窦太后是笃信老庄的，但窦婴却信奉儒家思想。这跟窦太后分歧很大，加上梁孝王事件，窦太后更加痛恨窦婴，窦婴也看不起这个詹事的官职，干脆辞职不干了。窦太后竟然把窦婴逐出窦氏宗族，取消了他的朝拜资格。

窦婴并没有就此沉沦潦倒下去。很快，他就抓住了一次机遇，东山再起，登上了人生顶峰。这个机遇就是发生在景帝三年（前154年）的七国之乱。

这一年，吴楚带头的七个诸侯国造反，朝廷一时间黑云压城。皇帝看过来看过去，宗室的这些大臣哪个都比不上窦婴，只好把免冠的窦婴召进朝廷。

窦婴还记挂着太后把自己逐出家门的事情，坚决不愿出山，窦太后也感觉十分惭愧。最后皇帝恳请窦婴："天下危急，王孙怎能谦让呢？"王孙是窦婴的字。古人称对方的字是十分恭敬的表现，而皇帝称臣子的字，已经是十分给面子了。窦婴挽回了颜面，终于答应出任大将军，与名将周亚夫一起带兵平叛，仅仅三个月，叛军就冰消瓦解。

立了大功的窦婴被封为魏其侯，与条侯周亚夫威震朝野。景帝每次遇到大事必然跟他俩一起商议，朝廷公卿没有人敢与他们分庭抗礼。窦婴的权势达到顶峰，各地的贤人争着投奔他，希望成为他的门客，就连朝廷官员也争相趋奉，以能跟着魏其侯混为荣，这其中就包括初涉江湖的田蚡。

盛极必衰，物极必反。窦婴达到了人生的顶峰，他性格中骄横任性的致命弱点也暴露出来了。景帝第一个太子是栗姬生的栗太子，当时让窦婴做太子的师傅。后来，景帝决定废掉栗太子。作为师傅的窦婴力谏而不得，恼怒之下干脆托病不上班，几个月来就在蓝田隐居。后来一个叫高遂的人劝他："能让您富贵的是皇帝，能让您亲近的是太后。现在太子被废，您不能强谏，强谏又不能成功，失败又不愿自杀，跑到这里来隐居过逍遥日子，这分明是彰显皇帝的过错，您这样恐怕会有灭族之祸！"

听了这话，窦婴恍然大悟，马上回到朝廷正常上班，但是他不知道自己的行为已经在皇帝心中留下了阴影。后来丞相刘舍被罢免，窦太后多次跟皇帝说窦婴可以当丞相，景帝说："您难道以为我爱惜丞相这个位子不给窦婴吗？窦婴这个人沾沾自喜，做事轻率，难以担任需要老成持重品格的丞相。"

至此，窦婴的黄金时间已经过去，在仕途上开始走下坡路。而另一个人的前途却蒸蒸日上，不可限量，这人就是一直跟着窦婴屁股后面混，把窦婴当爹一样侍奉的田蚡。

田蚡的上升是在景帝晚期的时候，他的地位日益尊贵，担任了太中大夫。田蚡相貌丑陋，但是喜欢读书，很有口才，王皇后（注：因为此时景帝还在位，所以应该称皇后）很爱这个弟弟。景帝去世，同一天，太子刘彻即位，新皇登基很多事情都是由田蚡和宾客负责张罗，武帝即位后，就封田蚡为武安侯。

田蚡是王皇后的弟弟，窦婴是窦太后的侄子，窦太后是王皇后的婆婆，所以田蚡和窦婴在辈分上是同辈。但是由于窦婴入朝比较早，资历较深，之前官位也高，所以田蚡以前是把窦婴当父亲侍奉的。而现在田蚡上升势头一发不可挡，他就把目光盯到了丞相之位上。

这时候，一个叫籍福的人劝田蚡说："窦婴显贵很久了，资历又老。如果皇帝要您当丞相，您不如让窦婴当。窦婴当丞相，您肯定就当太尉，太尉和丞相的尊贵地位是相等的，而且您还有让相位给贤者的好名声。"田蚡听从了建议，果然，窦婴成了丞相，而田蚡当了太尉。

窦婴和田蚡两个人都爱好儒术，而当时的窦太后喜欢道家学说。两边发生了激烈的冲突，冲突的结果是窦婴和田蚡双双被免职，回家休养去了。

但是，武安侯田蚡即使被免职，仗着王皇后的面子，他的势力仍然很大。窦太后去世之后，田蚡重新入朝担任丞相，权倾天下。

重新得势后的田蚡抛弃了以前的谦卑恭谨，逐渐飞扬跋扈。后来，他的嚣张连皇帝都忍受不了了。当时田蚡推荐人当官，有的直接就从闲居一下子提拔到二千石级的高官。武帝按捺着怒火问他："您授官授完了没？我也想授点官。"有一次，田蚡想占用少府考工室的土地扩建自己的宅邸，皇帝大怒："你怎么不找我要武器库的地盘？"

与田蚡的权势熏人形成鲜明对比的是窦婴被废弃之后的一蹶不振。原来争着趋奉他的门客们也大多散去，转而投奔田蚡门下。但是有一个小兄弟却一直矢志不移追随窦婴，这个人叫灌夫。

灌夫的父亲原来叫张孟，因为曾经当过颍阴侯灌婴的门客，后来做了二千石的高官，所以赐姓灌。七国之乱的时候，灌孟跟着灌婴的儿子灌何平叛，担任校尉，灌夫也带着一千士兵跟着出征。当时灌孟年纪已老，在灌何坚决邀请之下无奈从军，结果死在吴军中。当时军法规定，父子一起从军，其中一个牺牲，另外一个可以服丧回家。但是灌夫坚决不肯，而要上阵取吴王或吴军将军首级为父报仇。于是，他招募了几十个志愿者跟自己一起出战。走出军门的时候，很多人都胆怯了，不敢继续前进，开了小差，只有两个骑士和十几个奴仆跟着他。灌夫带人冲进吴军，杀了几十个人，回到汉军壁垒，只剩下他和一个骑士。灌夫身上受了十多处重伤，幸好当时有万金良药才治好他的伤。伤好后他还请求再次出击，太尉周亚夫看重他的英勇，害怕他死在战场上，驳回了他的请求。七国之乱平定后，灌夫也名闻天下。

失势的窦婴与灌夫结盟，很大程度上也是想借此扩大自己的声势，以能与新贵田蚡抗衡。但是窦婴并没有意识到，灌夫的勇猛在和平时期更多地表现为无礼和莽撞，拉拢灌夫，其实是给自己找了一个猪一样的队友。

灌夫先后曾任中郎将、代国国相、淮阳太守、太仆、燕国国相等职，但是每个官都没有善始善终，不是因为犯法被免官，就是因为打人被撤职，最后只好闲居长安。由于他好酒任性，出口无忌，长安的贵族对他都没有好印象。而他的宗族宾客也经常仗势欺人，成为颍川一霸，当地的童谣说："颍水清，灌氏宁；颍水浊，灌氏族。"

失势的老炮儿窦婴结交新一代古惑仔灌夫，是想给那些背弃自己的门客一个正面的榜样；初涉江湖就被弄得灰头土脸的灌夫投靠久已成名的前辈窦婴，也是想借窦婴的声望来提高自己的身价，而两个人共同的敌人就是如日中天的武安侯田蚡。

曾经有一次，灌夫还在服丧期，跟田蚡闲聊，田蚡随意说我本来想跟你一起去拜访窦婴，但是不巧你在服丧。灌夫一听急忙说："您要去窦婴家做客，我怎么会拿服丧作为托词！我马上去告诉他准备迎接，您明早早点来。"田蚡答应了。灌夫马上告诉窦婴，窦婴和夫人火速杀牛买酒，通宵大扫除，第二天一大早就做好迎接准备。可是左等右等丞相就是不来。中午了，窦婴尴尬地说："是不是丞相忘了？"灌夫很不快，自己驾车到丞相府去迎接田蚡，结果田蚡还没起床。灌夫提醒之后，丞相才慢悠悠地往窦婴家走去。灌夫更不高兴了。酒宴中，灌夫又起舞邀田蚡饮酒，可是田蚡根本不起身。灌夫大怒，在座位上说些难听的话，老道的窦婴一看势头不对，马上把灌夫劝离了酒席。

之后，田蚡和窦婴又因为田产的事情产生了一些纠纷，灌夫又在其中帮窦婴。从此，田蚡与窦婴、灌夫的矛盾更加深重。

而双方矛盾的总爆发是在一次朝廷宴会上，导火索仍然是猪队友灌夫。

这一年，田蚡迎娶燕王的女儿做夫人，太后下诏让列侯宗室都去祝贺。灌夫其实也知道自己喝高了就要惹祸，本来不想去，但是窦婴再三相劝，他只好勉强出席。果然，酒过三巡之后，灌夫又出问题了。

此前，田蚡给大家敬酒，所有人都离开座席伏地感谢。可到窦婴给大家敬酒时，只有几个老朋友离开席位，其余半数的人照常坐在那里，只是稍微欠了欠上身。灌夫心里已经不高兴了，等到他给田蚡敬酒时，田蚡又推说酒量不好只能喝半杯。灌夫没有办法发火，可是等他向临汝侯灌贤敬酒的时候，临汝侯没看见，正在跟西宫校尉程不识附耳聊天。灌夫一下子火了："你平时不是说程不识一钱不值，现在老夫我给你敬酒，你怎么像女孩子一样跟他咬耳朵说话？"

此话一出，举座皆惊。当时程不识任西宫校尉，飞将军李广任东宫校尉，两人经常并称。田蚡听了灌夫的话警告他："程将军和李将军都是东西两宫的卫尉，你现在当众侮辱程将军，难道也不给你所尊敬的李将军留有余地吗？"已经癫狂的灌夫说："今天杀我的头，穿我的胸，我都不在乎，还顾什么程将军、李将军！"窦婴一看，灌夫又闯了大祸，急忙招手让灌夫离开，但是已经晚了。怒火中烧的田蚡宣布今天的宴会有太后旨意，弹劾灌夫，说他在宴席上辱骂宾客，侮辱诏令，犯了不敬罪，应判死刑，并马上派人追捕灌夫的家人。灌夫手中本来捏着田蚡的隐秘罪行，因为家族中的人纷纷逃亡也没人能去告发。

心急如焚的窦婴决心冒死救出灌夫，于是上书辩解灌夫只是酒后狂言，罪不至死。武帝下令在朝廷举行公开辩论。两人互不相让，朝臣首鼠两端，武帝无法决断。而王太后得知情况之后向皇帝发火说："现在我还活着，就有人这样欺负我弟弟田蚡，我死了之后大概都成别人的鱼肉了吧！皇帝你是石头做的，没有自己的主张吗？"武帝无可奈何地说："都是外戚，所以才在朝廷公开辩论，不然这事一个狱吏就解决了。"

武帝说双方都是外戚并没错，但是有一点他没有说，窦太后的侄子窦婴是过气外戚，只是明日黄花，已经日薄西山；而田蚡则是当朝太后的弟弟，正如日中天，孰强孰弱，一目了然。

皇帝命令御史调查窦婴为灌夫做的辩护，调查结果是，和窦婴说的有很多不符。于是，朝廷以欺君之罪逮捕了窦婴。景帝在位的时候，窦婴曾接受遗诏，说事情紧急可以直接面见皇帝。此时，事情危急，窦婴就叫家人上书申明遗诏的事。可是朝廷检视，没有发现这道遗诏，这下窦婴罪大了。他被弹劾伪造先帝遗诏，罪当弃市。

这一年的十月，灌夫被族诛。十二月，魏其侯窦婴被处死刑。

第二年春天，武安侯田蚡也发狂死了。死前，他呼号着谢罪的话。家人找来了巫师，巫师看见窦婴和灌夫守在田蚡身边，好像要杀他的样子。

田蚡死了以后，刘安谋反败露。武帝知道了田蚡给淮南王的许诺，说："要是武安侯田蚡还在，一定诛他一族！"

很多人对窦婴和灌夫被田蚡陷害深表同情，但在我看来，他们实在不值得同情。田蚡固然仗势欺人，假公济私，但并不能说窦婴就是纯洁无辜的羔羊。窦婴和田蚡一样都是外戚，只不过窦婴出道较早，资历较深而已。但不管是文坛还是政坛，都是各领风骚几十年，人生不可能永远是顶点，乱哄哄你方唱罢我登场本是江湖常态。因为自己曾经风光过就不愿接受风光已逝的现实是最愚蠢的。新贵崛起时，老炮儿就应该认清形势自动避让，不要倚老卖老，江湖已经不是以前的江湖，也得明白你不做大哥已经很多年。扛着武士刀死在冰面上的场景在我看来一点儿不悲壮，秃顶、三高、心肌梗死还要梦想恢复失去已久的光环只是白日做梦而已。还是太史公马迁一语道破天机：魏其侯窦婴不过是"不知时变"罢了，而他的死党灌夫，纯粹是个成事不足，败事有余的莽汉，无足挂齿。

而对于你我百姓来讲，不管是田蚡还是窦婴或者灌夫，都是高高在上的大老爷。不管他们哪个在位，百姓的苦痛不会因此减少分毫。既然如此，他们是牛打死马还是马打死牛，于你于我，实在没有一毛钱的关系，也就犯不着为谁嗟叹为谁不平了。

汉武帝家的女人们

古代，皇后那边的亲属被称为外戚，类似于现在女儿的孩子被称为外孙或者外孙女。这里的外显然不是指的分工，而是指血缘的亲疏。在男权社会，即便是与丈夫同呼吸、共命运的妻子，也只能算外来人，甚至只能作为皇家的生育工具，按理说也是不能进入权力核心的。更何况，皇帝后宫三千，"外"的亲戚实在太多了。

《汉书·外戚传》列举了皇帝女人们的种种名号，除了皇后之外，皇帝的妾都称为夫人，夫人之中又有各种等差，如美人、良人、八子、七子、长使、少使等名号。到武帝时又增加了婕妤、娙娥、荣华、充衣，等等名目，到元帝时由于后宫膨胀，又增加了昭仪的名号，可谓百花争艳，万紫千红。

但是，这也从另一个方面证明，能够在史书里留下名字的外戚，也必然非等闲之辈。

西汉初年最有名的外戚无疑是吕氏家族了。作为汉高祖刘邦的结发妻子，吕后也算是皇帝陛下征程中的亲密战友，不仅为他生下了孝惠帝和鲁元公主，还在沛公倒霉的时候做过人质。可即便是这个亲密战友也在汉高祖死后夺权，几乎取刘氏而代之。这也让汉朝的大臣们开始警惕：外戚如果不加以限制，其权力甚至有可能颠覆朝廷。因此，吕氏被诛灭后，吕后扶植的小皇帝被废，大臣们讨论该由谁即位时，大家都认为，鉴于吕氏专权的教训，一定要选择家风仁善的王子即位。据说，当时的代王王太后薄氏性格温和，没有太强的权力欲，因此大臣一致同意迎立代王刘恒为帝，这就是后来的汉文帝，而他的母亲薄太后居然就成了汉文帝即位的重要原因。

外戚很多出身于一般贵族甚至平民，所以他们的命运经常是极具传奇色彩的，比如汉景帝的母亲窦太后。

窦太后原来是赵地的人，吕后的时候被征入宫，侍奉吕后。一年后，吕后把自己宫里的人赏赐给诸王，每个王赏赐五个人，当时还是少女的窦姬就在其中。窦姬家在赵地清河，希望能够分配得离家近点，就事先托主持分配的宦官，让他一定把自己放在赵地的名单中。谁知道分配事宜繁杂，宦官把这件事忘了，却把窦姬放在了代地的名单中。知道实情后，窦姬大哭，不愿上路，后来被强迫着上车。谁知道，到代地后，她居然很快就受到代王的宠幸，生了一个女儿，取名刘嫖。这个名字现在看起来让人有点惊诧，其实"嫖"在古代的意思是轻快的样子。后来，窦姬又生了两个儿子。此前代王已有王后，并生了四个儿子。代王还没有即位成为文帝的时候王后就去世了，四个儿子也先后生病死去。代王被立为文帝之后几个月，大臣请求文帝立嗣，此时窦姬生的儿子年纪最大，就被立为太子，而出身低微，误打误撞来到代地的窦姬则成为大汉帝国的皇后。

此时，窦姬的父母已经去世，她有一个哥哥叫窦长君，一个弟弟叫窦广国，字少君。窦姬年轻时家里很穷，窦少君四五岁的时候就被卖给了别人，还被转卖了十几家，家里人也不知道他被转卖到了哪里。后来，他被卖到宜阳，为主人做炭。一次，他和工友们劳作累了，在岸边崖壁下休息。突然崖壁崩塌，压死百余人，只有少君死里逃生。惊魂未定的少君去占卜，居然说他大难不死，几天后就会封侯。

之后，他跟着主人来到长安，听人说新立的窦皇后和自己是同乡，少君被卖的时候虽然年纪小，可还是记得自己的家乡，心里想，这会不会就是自己失散多年的姐姐？他小时候和姐姐一起采桑曾经从树上摔下来，于是就写了这件事，上书认亲。窦皇后把这事告诉了文帝，文帝召见了窦少君。听他说小时候的事情，都一一符合，又问他还有什么证据，少君说：

"姐姐离开我，在旅社里和我分别时，向主人讨了水来给我洗头，又要了食物给我吃，之后才离开。"

窦皇后听到之后抱着少君大哭，左右都伏地而泣。于是，文帝赏赐给少君田宅金钱，让他住在长安。

此时诸吕之祸刚刚平息，周勃、灌婴等大臣私下商议说：

"咱们的命以后都悬在窦长君和窦少君这两个人身上，两人出身又低微，没有什么见识，一定要选择适当的人选担任他们的师傅宾客，不能再让吕氏之祸重演。"

因此，他们选择了很多长者和有节操的士人与二窦交往。史书说，二人后来都被称为谦退君子，不敢因为富贵而盛气凌人。

文帝去世之后，太子，也就是窦皇后的儿子即位，是为景帝。窦少君也被封为章武侯，窦皇后也成为窦太后，她就是汉武帝刘彻的祖母。

景帝还在当太子的时候，他的祖母薄太后就给他选择了薄家的一个女子为太子妃，太子妃一直没有儿子，也得不到太子的宠幸。薄太后去世之后，薄皇后也就被废了，景帝就立了栗妃的长子刘荣为太子。但是宫廷斗争风云变幻，本以为胜券在握的栗姬怎么也想不到自己会被一个曾经嫁过一个丈夫，生过一个女儿再改嫁入宫廷的王姬后来居上，不仅夺了自己的宠幸，甚至导致自己的儿子也被剥夺了太子之位（详见《老炮儿与新贵的恩怨情仇》）。这个王姬就是后来的王皇后，她的儿子就是被封为胶东王，后来被立为帝的汉武帝刘彻。

王皇后原来嫁给金王孙，生过一个女儿。后来被送入太子宫中，受到当时还是太子的景帝的宠爱，生下了武帝刘彻。武帝即位之后，他的宠臣韩嫣告诉他，他有一个同母异父的姐姐住在长陵。武帝说："你怎么不早说？"于是，先派使者去探视，得知姐姐在家。然后带着护卫仪仗出宫门直趋长陵，一直到金家门口。金家人惊恐万状，金家女子藏到床下躲避。武帝让人把她扶出来，拜谒说："大姐，你怎么藏得这么深啊！"

武帝带着姐姐回到皇宫，面见太后，家人相拥而泣。之后武帝为太后祝贺，赐姐姐钱千万，奴婢三百人，公田百顷以及府邸，封姐姐为修成君。修成君有一男一女，女儿嫁给了淮南王刘安的太子刘迁，儿子被称为修成子仲，却是个标准的官二代，经常仗着太后的宠爱为非作歹，成为长安一害。

武帝被立为太子，他的姑母馆陶长公主，也就是刘嫖在其中起了决定性的作用。据说武帝几岁的时候，刘嫖抱着他坐在膝上，问他："阿娇（刘嫖的女儿，汉武帝的表妹）好不好？"汉武帝回答："如果得到阿娇，我就造一个金屋子给她住。"这就是野史传说的"金屋藏娇"的故事。后来，陈阿娇果然被许给汉武帝，成为他的第一个皇后。

"金屋藏娇"的故事虽然浪漫，但是宫廷斗争却是现实而残酷的。陈阿娇被立为皇后之后，仗着自己母亲为皇帝即位出过大力，越来越骄横。可是她自己却一直无子，这也成为她后宫争斗落败的主要原因。此时，武帝的注意力已经转移到另一位出身低微但是色艺双绝的女子身上，她叫卫子夫。

卫子夫原来是平阳公主家的歌姬。武帝刚即位的时候没有儿子，平阳公主搜寻了十多个良家女子养在家里，悉心调教，盛装打扮，专等武帝前来。一次，武帝参加上巳节祭祀回来拜访平阳公主，公主就把十几个美女叫来侍奉皇帝。武帝一个都不喜欢，只喜欢唱歌的卫子夫。之后，武帝起身上厕所，善解人意的平阳公主叫卫子夫前去伺候，领导和群众都喜闻乐见的事情终于发生了。之后，公主把卫子夫送入宫中。子夫上车前，公主抚摸着她的背说："去吧，注意身体，努力保重。如果富贵了，别忘了我。"

可是，卫子夫进宫之后一年多，再也没见到皇帝的影子。之后，武帝要淘汰一批宫人，卫子夫也在其中，她哭着向武帝告别，让皇帝顿起爱怜之心，重新被宠幸，之后生下三女一男，男孩名叫刘据。

面对情敌日益受宠，陈皇后怒火中烧，多次寻死。这让皇帝更加厌恶她。据说陈阿娇为了能挽回汉武帝的心，还曾经花重金请当时的文豪司马相如写了一篇《长门赋》，希望能够打动武帝，但是最终还是徒劳。一千多年后，辛弃疾在他的词作《摸鱼儿》中还写到此事：

> 长门事，准拟佳期又误。蛾眉曾有人妒，千金纵买相如赋，脉脉此情谁诉！

走投无路的陈皇后病急乱投医，竟然想到了用巫蛊来转败为胜。这在古代宫廷里是犯大忌的。最终，陈皇后因此罪名被废，卫子夫被立为皇后，她的儿子刘据被立为太子。

在这场争斗中，卫子夫全胜。

因为她受到皇帝宠爱，她的弟弟卫青也被提拔，后来成为大将军，卫青的三个孩子还在襁褓中也被封为列侯；她的外甥霍去病也成为对抗匈奴战争中的名将。卫氏家族因卫子夫而显要，以军功起家，共有五个人被封侯，一时风光无两。

此后，汉武帝又有了王夫人、李夫人等新宠，卫子夫实际上已经失宠。但因为有卫青、霍去病的权势，更重要的是有太子刘据的存在，卫家的势力仍然很大。但也就在卫家权势达到顶峰的时候，一场巨大的灾难却在悄悄逼近。

这就是巫蛊之祸。

武帝晚年，神智混乱，重用江充，严治宫中巫蛊之事。江充把矛头直接对准了卫皇后和太子刘据。最后太子与皇后被迫起兵，诛杀江充，与丞相的军队在长安大战五日，死者上万。太子兵败后自杀，卫子夫也含恨自尽（详见《小人的复仇》）。

在与陈皇后的争斗中，卫子夫可谓全胜。但是她最后的下场其实还不如陈皇后。陈阿娇被废之后一直居住在长门宫，其待遇跟皇后时一样，最后也算得以终其天年，死后与自己的母亲馆陶大长公主刘嫖葬在一起。而卫子夫的经历则可谓天上地下：战胜了陈皇后，自己被立为后，儿子被立为太子，家族五人封侯，显贵一时；可是天有不测风云，转瞬之间大厦崩塌，落得个白茫茫一片，大地真干净。

作为九五之尊的皇帝，后宫三千，阅人无数，这种冷血的宫廷争斗应该是司空见惯的。不过，偶尔也有例外，甚至能让皇帝显示出有些情痴的一面。

比如李夫人。

和卫子夫一样，李夫人本是歌姬，出身低微。她的哥哥李延年是皇帝的乐师。有一次宴会，李延年唱了一首歌：

北方有佳人，

绝世而独立。

一顾倾人城，

再顾倾人国。

宁不知倾城与倾国，

佳人难再得！

武帝听了之后叹息说：

"世上难道真有这样的人吗？"

旁边的平阳公主（就是推荐卫子夫的那位）趁机说李延年的妹妹就是这样的美人。皇帝听了就召见她，确实美貌善舞，十分宠爱。后来，李夫人生了一个男孩，就是后来的昌邑哀王刘髆。刘髆的儿子刘贺是第二位昌邑王，昭帝死后曾经做过二十七天皇帝，后来被霍光废了。

相比于其他皇后宠妃，李夫人是幸运的，因为她在很年轻的时候就死了。

相传，她病势沉重的时候，武帝前来探望，李夫人说：

"我久病，形容憔悴，不能见皇帝，就请皇帝在我死后照顾我的儿子和兄弟吧。"

武帝说：

"你病得厉害，也许再也不会起来了。你让我见一面，再把儿子、兄弟托付给我不是更好吗？"

李夫人坚持说自己容貌不如以前,不能见皇帝。武帝更坚持:"你只要让我看一下,我就赐你千金,再给你兄弟升官。"

可是无论武帝如何请求,李夫人只是转身对着墙壁哭泣,不再说话。武帝无趣地离开。李夫人的姐妹就数落她:

"您难道就不能让皇上看您一眼,当面把兄弟托付给皇上吗?为什么要让皇上这样扫兴呢?"

李夫人的话倒是发人深省:

"我之所以不愿意见皇帝的面,就是想好好托付兄弟们的事。我靠着美貌,能够从微贱之人得到皇上的宠幸。凭借容貌侍奉别人的人,容貌衰老情义就浅了,情义变浅恩惠也就断了。皇上之所以还深情地眷念着我,正是由于我原来的容貌。如果现在见到我容貌丑陋,一定会又害怕又厌烦,嫌弃于我,哪里还能再怀念怜悯我、优待我的兄弟呢!?"

李夫人去世之后,武帝以皇后的礼节安葬了她,又把她的哥哥李广利封为贰师将军封海西侯,李延年封为协律都尉。

李夫人可谓深谙与皇帝关系的秘诀,就是一个"色"字。她死后,武帝对她还念念不忘。一个叫少翁的方士说能招来李夫人的魂魄。于是,武帝命他在宫里设置道场作法。恍惚间,似乎真看到李夫人出现在帷帐中,却又不得近前相见。武帝就更加思念李夫人,心中感伤,为她作了一首缠绵悱恻的情诗。这首诗一直流传至今:

是邪,

非邪?

立而望之,

偏何姗姗其来迟!

据《汉书》记载,武帝因为怀念李夫人,还亲自做了一篇篇幅不短的赋,赋中以"秋气憯以凄泪兮,桂枝落而销亡"表达对失去李夫人的痛心,以"思若流波，怛兮在心"表达自己痛失爱侣的凄凉和对李夫人的思念。

但是，绝不要认为汉武帝真的就是一个重情重义的情种了，皇帝与感情是不能兼容的。在后宫，皇帝偶尔会沉迷于新欢，甚至有时候会忘乎所以。可一旦牵涉到政事，他马上会恢复阴冷严酷的本来面目。李夫人死后，武帝对她思念之极。但是，后来李延年犯罪，李广利又投降匈奴，武帝仍然毫不犹豫地下令将李家灭族。

巫蛊之祸后，很长一段时间汉武帝没有立太子。期间觊觎太子之位的人也不少。比如，燕王刘旦就曾经上书皇帝，请求入宫宿卫（其实是想接近皇帝，以求被立为太子）。武帝得书后大怒，诛杀了派来的使者，并削去燕王三县；之后李广利又和丞相刘屈氂串通，想立李广利的外甥、李夫人的儿子昌邑王刘髆为太子，事发失败之后李广利投降匈奴，刘屈氂被腰斩。

直到汉武帝死的前一天，他才命立幼子刘弗陵为太子。武帝死后太子即位，是为昭帝。

昭帝的母亲，就是被称为钩弋夫人的赵婕妤。

赵婕妤的经历颇有传奇色彩。当年武帝巡狩经过河间，望气者说当地有一个奇女子。武帝就派使者把她召来。到了之后，女子两手都紧握着拳头任何人都掰不开。武帝伸手一摸，女子的手一下子就打开了。后来她受到宠爱，被称为拳夫人。之后被升为婕妤，住在钩弋宫，于是也被称为钩弋夫人。

钩弋夫人后来有了身孕，怀胎十四个月才生产。皇帝说：

"我听说尧也是怀胎十四个月才生下来，现在这个孩子也是这样。"

还下令把孩子降生的那座宫殿的大门命名为尧母门。

太子刘据死后，燕王刘旦等诸王都不让皇帝满意，唯独觉得钩弋夫人的儿子身材健壮，智慧聪明，很像自己，武帝就有了立他为太子的想法。武帝曾让画工画了一幅"周公辅成王"的画赐给奉车都尉霍光，暗示自己死后霍光要效法周公辅佐幼主。此时的钩弋才五六岁，钩弋夫人又年少，武帝害怕吕氏之祸再次发生。于是，他决定先除掉孩子的母亲。

《史记》对钩弋夫人的死记载得颇为详细，详细得让人毛骨悚然：

就在武帝给霍光看了周公辅成王的画之后几天，他随便找了个由头斥责钩弋夫人。不知就里的钩弋夫人脱去首饰叩头谢罪，但是铁石心肠的皇帝丝毫不为所动："拉下去，送掖庭狱！"被拉走时，钩弋夫人回头望着武帝，武帝大声说："快点走，你今天反正是活不了了！"

不久，钩弋夫人死在云阳宫。据说她死时风暴突起，天昏地暗，得知消息的百姓也为之感伤。

钩弋夫人死后，武帝谈及此事，说：

"以前国家动乱，就是由于主少母壮。你没听说过吕后的事情吗？"

《史记》接着说：所以所有为武帝生了孩子的，无论男女，他们的母亲没有不被杀掉的。难道能够说（武帝）不是圣贤吗？他雄才远略，是为后代子孙考虑啊！这固然不是见识浅陋的人所能及的。

看到这里，我十分怀疑这是司马迁的原话。再看了资料后，才知道《史记·外戚列传》的后半部分一般认为是褚少孙续写的。这才莫名地放下了心：司马迁是不会说出这样冷血无情的话的。这样就好，这样就好。

回到开头说的"外戚"这个词。我说过，这里的"外"其实指的是血缘的亲疏。而血缘的亲疏决定的则是对权力掌握的程度。对于皇帝来说，皇后也好，宠妃也好，本质上不过是为自己生育皇子的工具，是绝对不能进入权力核心的。古人对女主专权有一个专门的称呼，叫"牝鸡司晨"。但实际上，对权力的渴望不仅男人有，女人也有；"内戚"有，外戚也有。所以，除了吕后以外，汉代后来也没少出现太后或者外戚专权的事情。甚至西汉最后的灭亡也是因为一个著名的外戚——王莽。而话说回来，面对权力，不管是血亲还是路人，都无法抵挡其诱惑。前有吴楚七国之乱这样的血亲反目，后有戾太子之乱这样的父子成仇，九五之尊家里为了权力而产生的纷争，跟升斗小民为了点财产而进行的争斗没有本质的区别。

一切缘于人性的贪婪。

我是坏人，你放心

刘邦当老百姓兼古惑仔的时候，萧何就已经是朝廷的基层干部了。后来刘邦被提拔当了亭长，萧何也算是他的上级。直到刘邦斩蛇起义，萧何在各方面都很照顾他。刘邦到咸阳去服徭役的时候，大家凑钱给他送行，别人都送三百钱，只有萧何送了五百钱。估计当时萧何也没有想到，这多出的两百钱，得到的回报却是巨大的。

自从跟了刘邦，萧何一直是忠心耿耿。刘邦打进咸阳的时候，诸将都去争抢秦王宫的金银财宝，只有萧何一个人把秦朝丞相和御史府里的律令图书搬了出来。凭着这些资料，在后来楚汉相争的时候，刘邦才能对天下各地的地形、人口、经济、险要等一清二楚。

后来项羽入关，自立为西楚霸王，而把刘邦封为汉王，同时把章邯等三个秦朝降将封在关中，堵住刘邦出来的路。刘邦很是不爽，想发兵攻打项羽。萧何劝谏说："现在虽然封在巴蜀，不比死要好很多吗？"

刘邦不解："怎么说到死？"

萧何解释说："现在我们的军队不如项羽，百战百败，不死还能干什么？《周书》上说：'上天给你的你不拿，肯定要遭殃。'俗语称汉中叫'天汉'，这名字挺吉利的。大丈夫能屈能伸，大王不妨就到汉中去，养精蓄锐，以巴蜀为基地，打回老家，一定可以夺取天下。"

刘邦听了萧何这番话，才暂时压住了怒火，乖乖当汉中王去了。

不久，萧何听说从项羽那边逃过来的韩信逃跑了。他顾不得向刘邦禀报，立马心急火燎地去把韩信追了回来。自从到汉中以后，刘邦的手下跑了不少，刘邦也并不在意。一听说萧何也跑了，刘邦就跟丢了魂似的，惶惶不可终日。直到萧何回来，解释说是去追韩信，他才安下心。接着又听从萧何的建议，把一个最大官就当过治粟都尉，毫无高级领导经验的韩信提拔为大将。

提拔命令公布以前，刘邦按照萧何的建议一本正经地闭关斋戒。曹参、樊哙等一帮老将都估计这次提拔的肯定是自己，高兴得心花怒放。谁知道等到登坛拜将的那一天，上去的竟然是名不见经传的韩信，众人都大惊。

而就是这个曾受过胯下之辱，靠着洗衣服老太太几碗冷饭活下来的韩信，最后驰骋疆场，为刘邦打下了三分之二的疆土。这一切都要归功于萧何的推荐。

楚汉战争的时候，刘邦与项羽相持不下，萧何则在后方搞后勤。刘邦多次派使者回来慰劳萧何，表面上看似乎是出于领导对下级无微不至的关心，但是萧何手下一个姓鲍的幕僚却感觉到了危机。他对萧何说：

"大王在外面风餐露宿地打仗，而您在后方享清福，反而是大王多次派使者来慰劳您，这说明大王在怀疑大人了。为您考虑，不如让您家里的子孙兄弟，只要能拿得起兵器的，全部送到前线去，大王必然更加信任大人了。"

萧何听从了鲍生的意见，刘邦果然十分高兴。

刘邦当了皇帝，给功臣们论功行赏的时候，封萧何为酂侯，给他的封地也最多，众臣不服——我们一个个脑袋别在裤腰上打天下，凭什么一个后勤主任功劳却是最大？刘邦说：

"你们知道打猎和猎狗吗？追杀野兽的是猎狗，但是指示野兽踪迹的是人。你们只是能够追杀野兽的狗，而萧何是人。而且你们都是一个人跟着我，多的也就是两三个人，萧何一家几十个人一起跟随我，所以功劳是最大的，不能忘却的。"

都说"欲加之罪何患无辞"，其实欲加之功也是一样的。皇帝这样说，大家当然不敢说什么。到了给众臣排列位次的时候，又有大臣不服了：

"平阳侯曹参受过七十多处伤，攻城略地，功最多，应该排在第一。"

刘邦本来还是想萧何排第一的，但是碍于前面已经驳了大家的面子，也不好说什么。这时候，关内侯鄂千秋说：

"曹参虽然战功卓著，但这只是短时间的事！皇上与楚国相峙了五年，损兵折将，而每次失败，总是萧何从关中调兵调粮来补充。皇上并没有下令招募士卒，然而却有数万人在皇上身临困境之时赶来救援。陛下虽然多次丢失山东，全仗萧何保全关中，忠于陛下，这是万世流芳的功劳啊。曹参这样的将军即使丢了一百个，对大汉有什么损失呢？所以位次排列还是应该萧何第一，曹参第二。"

这番话简直是说到了皇帝的心坎上，于是下令萧何第一，而且让他享受古代大臣最高的待遇——"剑履上殿，入朝不趋"。就是说可以带着宝剑穿着鞋子上殿，而且不用像别人一样，为了表示对皇帝的尊重上朝时还得小步急走。不仅如此，又把萧何父子兄弟十多人都封了个遍，再给萧何的食邑加了二千户，表示对萧何以前多送他两百个钱的报答。就连为萧何说好话的鄂千秋也得到了好处——被封为安平侯，皆大欢喜。

鄂千秋这种勇于当皇帝贴心人的工作作风很可能也是跟萧何学的，因为自打跟着刘邦混以来，萧何就是主子肚里的蛔虫，总是能急主子所急，想主子所想，让皇帝省心，给陛下省事。

汉高祖八年，刘邦带兵到东垣平定韩信造反的余党。回到长安的时候，刘邦惊奇地发现，丞相萧何正在大兴土木，营造未央宫。工程十分浩大，建立了东阙、西阙、武库、太仓以及前殿。刘邦大怒，找到萧何，君臣之间就有了下面这段有趣的对话：

刘邦：天下陷于战乱已经多年，而且到现在为止还不知道最后的成败属于谁，你怎么这样大兴土木营造宫室？

萧何：天下未定，正好借此机会营造宫室；而且天子以四海为家，宫室如果不壮丽的话是无法显示出天子的威严。我现在把宫室营造得这么壮丽，也是让后面的皇帝无法超越（这是为后代皇帝省钱）。

表面上看来，萧何的理由是十分充分的，其实仔细一想，大半不堪一驳："天下未定，正好借此机会大兴土木。"

这是什么鬼理由？皇帝的责问明明是建立在"天下未定，不可大兴土木"之上的，萧何先生把皇帝的话重复一遍，其回答连诡辩都算不上。我批评你"工资低就要节约一点"，你回答我"工资低正好大吃大喝"，这算神马回答？"我现在把宫室营造得华丽一些，也是让后面的皇帝无法超越。"

这话纯粹是瞎掰。智谋过人的萧丞相不会不知道，人的贪欲是没有限制的，即使他现在把未央宫建得再漂亮，也未必能超过秦始皇的阿房宫。而他自己为刘邦建未央宫，未必不是以阿房宫为榜样的，而后代的皇帝如果再以刘邦为榜样，那么以后的宫室肯定会越来越堂皇，越来越奢侈。

而萧何真正说在刘邦心坎上的其实是第二句话："天子四海为家，宫室不壮丽是无法显示出天子的威严的。"

试想一个革命尚未成功，充其量算处在城乡接合部的陈胜，他的宫室都是富丽堂皇得让一帮农村老乡惊讶得伸着脖子，吐着舌头惊叹"涉之为王沈沈者"，已经成为正式皇帝的刘邦，住房如果太拥挤了是无论如何也说不过去的。而更重要的是，作为从一开始就跟着刘邦南征北战的老臣，萧何对主子那点"贪于财货，好美姬"的小嗜好是十分清楚的。想当年，刘邦刚进咸阳的时候，就迫不及待地蹩进秦始皇的皇宫欣欣然大吸剩下的鸦片，不是张良、樊哙把他强拖出来，恐怕他会一直待在那里，直到项羽破门而入把他从床上拉下来。因此，萧何很清楚，刘邦此时的"怒"其实只是做做样子，让跟在屁股后面的史官记下来，传之后世，表现老一辈领袖艰苦朴素的优良作风罢了。你要真以为皇帝生气了，马上停止工程，那才是马屁拍在了马腿上，皇帝不撤你的职，诛你的族才怪！

因此，皇帝演戏，丞相马上心领神会：你的责问本来就是无感而发，我的回答也不妨东拉西扯，只要让史官把皇帝的"怒"记载下来，挂在墙上给后代当榜样，我的理由能不能成为理由，那就是无足轻重的了。本来就是马屁，何必需要理由？

所以，鄂千秋一席话让皇帝终于找到了同盟军，不仅让萧何位极人臣，也让自己从中分了一杯羹。

此时的萧何，可以说是一人之下，万人之上了，但是萧何仍然保持了艰苦朴素、谦虚谨慎的优良作风，处处跟朝廷保持高度一致。当有人说韩信要谋反的时候，作为韩信的引荐者的萧丞相大义灭友，跟吕后一起密谋用计骗来韩信，将其处死；韩信死后，刘邦的一块心病得以去除，就又给萧何加封了五千户，还给萧何派了五百人的警卫部队。萧何听从幕僚召平的建议，婉拒了封赏，还把家财全部拿来充当军费。这一来，皇帝更是大喜。

到此为止，萧何可以说是能做的好事都做尽了，皇帝信任，百姓爱戴，堪为大臣之表率，百官之楷模。可是，他的一个门客却感觉到了危机：

"您离灭族已经不远了！您位为相国，功劳第一，人民也依附您，皇帝多次慰问您，是害怕您造反啊！您现在最好能干些坏事，多买点田地，向皇帝表明您也是贪财的，这样皇帝就会心安了。"

要当好人，得干坏事？这个逻辑我们是无论如何也不懂的，但是萧何却一下子明白了。

萧何听从了他的计策，没事就干点强买强卖、欺压良民的事，弄得百姓怨声载道。刘邦当时带兵出去平定黥布的叛乱，等他带兵回来的时候，百姓拦在路上告御状，说萧何欺压百姓，贱买田宅上千万。皇帝看到之后，不但不发怒，反而十分高兴：

"萧相国就是这样为人民做好事的啊！"

然后把百姓的上书全部交给萧何，叫他自己处理。

刘邦为什么不处置"贪官"萧何呢？

人们都认为皇帝一定是痛恨贪官的，其实这种看法太傻、太天真。很多时候，皇帝不但不恨贪官，反而喜欢贪官，甚至需要贪官。

南朝梁武帝萧衍有个弟弟叫萧宏，这个弟弟据史书记载是"宏以介弟之贵，无佗量能，恣意聚敛"，意思是他顶着皇帝弟弟这样尊贵的身份，其实一点儿本事没有，只会肆意搜刮钱财。朝野上下都传闻他后院有一百间仓库，大门紧锁，十分神秘，有人怀疑是兵器铠甲之类。萧衍知道此事后心里十分不悦：难道这个弟弟想造反？

萧宏有一个爱妾姓江，他吃饭睡觉一刻都不能离开她。有一天，萧衍就派人送了一桌酒席给江氏，告诉萧宏说，我马上过来和你们一起欢宴。为了显得这次聚会纯属家人聚会，萧衍只带了自己平民时的朋友射声校尉丘佗卿一起去。

酒过三巡，皇帝萧衍借着醉意对萧宏说："我今天想去看看你家后院。"

萧宏一听，脸都吓白了。萧衍察觉了，更加相信这个弟弟仓库里面一定是武器。

走到后院，打开一个个仓库才发现，仓库里全是一堆堆的钱，每一堆一百万，挂一个黄色标签，每一千万装一个库房，挂一个紫色标签，像这样的仓库就有三十多间。萧衍和丘佗卿算了一下，一共有三亿多万钱。剩下的仓库堆的全部是丝绸、布匹、棉、漆、朱砂之类的杂货，根本无法计算！

此时，萧宏跟在皇帝哥哥后面吓得汗流浃背，因为这些全是他搜刮的民脂民膏。谁知道皇帝看完之后不怒反喜，笑着说："阿六，汝生活大可（《南史》卷五十一《梁宗室上》）。"这句话的意思是，六弟，你小日子过得不错啊！

萧宏曾经以皇太弟身份带兵伐魏，结果大败。他扔下军队，只带几个亲信逃回来，这样的丧权辱国皇帝并不追究；萧宏爱钱如命，聚敛无度可以说到了变态的程度，皇帝也不在意。只要你不造反，不危及他的权力，贪点污，受点贿算得了什么呢？

甚至在某种意义上，皇帝是需要贪官的。

第一，贪官以其对金钱的追求让皇帝放心——他这么爱钱，估计不会为了权力冒险造反；

第二，贪官的存在让皇帝减小了道德压力——原来你也是有毛病的，而且毛病不少。这样，皇帝跟贪官相处的时候就有了道德优越感，也有了主动权——谁想一天到晚跟一个全无道德瑕疵的魏征待在一起？那还不累死？

第三，在适当的时候，贪官可以成为皇帝用以牺牲的棋子，以打倒贪官来赢得民心，争取支持。嘉庆帝扳倒和珅就是一个例子。

所以，皇帝不恨贪官，还喜欢贪官，甚至需要贪官。

所以，萧何用这种方法告诉皇帝，我是个贪官，我只对钱有兴趣，对您的帝位没有觊觎之心，您放心好了。

但是，老谋深算的萧何知道，自己要想真正完全打消刘邦的戒心，还得更进一步。于是，他选择了一步险棋，故意惹皇帝发火，以自己皮肉之苦为代价，换得皇帝最后的信任。他对皇帝说：

"长安地方比较狭窄，上林苑（皇帝的猎苑）还有很多空地，白白地荒芜着，希望您能下令让民众进去耕种，（收成后粮食归耕者所有，）禾秸则不许收走，留下来作苑中禽兽的食料。"

这下就摸了老虎屁股了，皇帝大怒说：

"你一定是接受了别人的贿赂，竟然敢打我的土地的主意！"

于是，皇帝就把萧何扔进了监狱。

萧何被扔进监狱之后，一天，一个姓王的卫尉找了个机会问刘邦："萧相国犯了什么大罪，陛下对他下这样的狠手？"

刘邦怒火未消地说："我听说以前李斯当秦朝丞相的时候，好事都归皇帝，错误都归自己。现在萧何这小子受了那些商人的贿赂来为百姓讨要我的上林苑，讨好老百姓，我当然要收拾他！"

王卫尉说："事情有利于百姓就为百姓请命，这本来就是宰相应做的事情。陛下为什么要疑心相国接受了商人的贿赂呢？而且陛下跟项羽打了几年的仗，以及您征讨谋反的陈豨、黥布的时候，陛下亲自带兵上阵，相国守在关中，如果他那时造反，关中以西都不再是陛下的了。那时候相国不为自己谋利，难道现在会图商人的几个小钱吗？再说，秦皇是因为不知道自己的过错而丢掉了天下，李斯为皇帝承担过错那点小伎俩又何足效法呢？陛下错怪萧相国了。"

刘邦心里不舒服，不过最终还是派人到监狱把萧何放了出来。但是，这时候皇帝说的一番话却耐人寻味了：

"你为人民请命，我不许，那么我就是桀纣一样无道的皇帝，而你是贤能的丞相。我之所以把你关起来，就是想让百姓知道你的贤能和我的过错罢了。"

刘邦话里的酸味其实谁都能闻出来：好人都让你做了，我做什么？你拿我的土地去买人情，不就是想证明我不是好皇帝吗？

《晏子春秋》里面有一个晏子辞千金的故事，说的是齐景公知道晏子家里很穷，就赐给他千金，晏子却推辞了。别人问到原因的时候，晏子说：

"我得到钱，必然得分给穷人，但是这样一来，不就是把国君给的赏赐拿来买人情了吗？因此我必须推辞。"

萧何的聪明就在于他很清楚这个道理。在专制体制下，是不能总做好人的，跟领导干一百件好事，不如跟领导干一件坏事。尤其是你做的好事让皇帝都感觉到威胁的时候。

人越无能，就越忌恨有能力的人；人越卑鄙，就越忌恨品德高尚的人；人越招人恨，就越忌恨被人喜欢的人。

平民百姓如此，九五之尊也不例外。

他可以容忍你强买强卖、欺男霸女这些"小错"，甚至会因为你也有这些"小错"而高兴——原来，你也是有弱点的啊！他的道德压力因此而减轻，畸形的心态也会因此而平衡。

因此，有些好事是不能做的，而有些坏事是不能不做的。

萧何的良苦用心也终于得到了报偿。他死在刘邦之后，当时是孝惠帝在位。萧何死后儿子萧禄承袭了爵位，萧禄没有子嗣，去世之后爵位无人继承。一般这种情况，朝廷就会收回封地，撤销封国，史书把这称为"国除"。可吕后为了萧何家族能够一直拥有爵位，竟然破例封萧何的夫人同为酂侯，封他的小儿子萧延为筑阳侯。文帝即位后，又撤销了萧何夫人的爵位，让萧延承袭酂侯爵位，几代皇帝对萧何家所做的一切可谓用心良苦。而萧何家族的爵位在整个西汉都一直被承袭，直到王莽时候才被撤销。

这在西汉可以算是个奇迹，这不能说跟萧何故意干"坏事"没有一点儿关系。

客观地说，萧何并不是贪官，也不是一个欺压良善的人，他虽然贵为丞相，但是生活十分简朴，他说：

"后代子孙如果贤能的话，就会学习我的简朴；如果不贤能，我现在置办的家业也要被别人夺去。"

他做那些坏事，其实不是因为自己贪财，而是在作秀，更是为了保命。因此，他必须得违心地做这些事，目的只是为了告诉那个坏蛋皇帝：

"我是坏人，你放心。"

不能跟着领导一起犯糊涂

一次,汉文帝在朝堂上问右丞相周勃:

"全国一年共审理判决多少起案子?"

周勃不知道,只好谢罪说:

"我不知道。"

皇帝又问:

"全国一年的财政收入和粮食收成有多少?"

周勃又谢罪说自己不知道,紧张得出了一身汗,汗水把脊背的衣服都打湿了,惭愧自己不能回答。

皇帝又问左丞相陈平,陈平说:

"这些事情都分别有主管的人。"

皇帝问:

"主管的是谁?"

陈平回答:

"陛下要问审理案件的数字,可以问廷尉;问财政和粮食的收支,可以问治粟内史。"

皇帝有些生气了:"如果这些事情都有主管的人,那么你主管的是什么?"

陈平斩钉截铁地回答:

"我主管大臣!陛下让我当宰相,宰相的职责,就是向上辅佐皇帝调理阴阳，顺应四时，对下养育万物使之都能正常成长，对外要镇抚外族和诸侯，对内团结爱护百姓，使官员各司其职。"

皇帝十分赞赏陈平的回答，而右丞相周勃则尴尬万分。下班的时候，他责备陈平说：

"你平时怎么不教我怎样回答皇帝的问话啊！"

陈平笑着说：

"您处在这个位置上，难道不知道自己的职责吗？假如陛下问长安城里盗贼的数量，难道您还想勉强对答吗？"

从那以后，周勃知道自己远远不如陈平。不久，他就在家里泡病假请求辞职，让陈平一个人当丞相了。

每次看到这个故事的时候，我都笑得不行。不仅因为出来之后陈平不失幽默感的回答，也为想象中右丞相周勃因为回答不上皇帝的问题而战战兢兢，恨不得找个地缝钻进去的尴尬样子，虽然这样想多少有些不厚道。

其实，陈平也许也有判断错误的地方，周勃当丞相不是一天两天了，前面有萧何曹参等名相作为榜样，身边又有陈平可供切磋，说他一点儿不知道自己的职责，多少有点儿冤枉他。那么，在皇帝问话时，他的表现其原因到底是什么？我以为，其错误就是跟着领导一起糊涂了。

汉文帝算是汉朝比较贤明的几个皇帝之一，这点自不必说。但是，他是周勃等大臣诛杀诸吕之后，由代王直接当上皇帝的。也就是说，他并没有经过封建时代由太子到皇帝的必经之路，而是没有经过实习就直接上岗了。因此，对国事还不是太熟悉。因此，他的问话是缺乏基本常识的：宰相是百官之首，肩负的是管理责任，而具体的事务性工作，是要有司负责的。要宰相事无巨细什么都管，无疑是高射炮打蚊子，即使累死宰相，也是费力不讨好。当然，此时文帝是刚参加工作不久，缺乏一些基本常识也是可以理解的。但是久在官场混的周勃怕冒犯天威而跟着皇帝一起犯糊涂就有些不可理喻了。

皇帝也是人，是人就难免犯错误，而要敢于保持自己头脑的清醒，甚至纠正皇帝的糊涂，需要的不仅是智慧，更重要的是自信和胆识。

这个故事的结局是喜剧式的。但是,现实生活中的领导却不都是像文帝这样能够虚心接纳意见的,如果真的碰上一个既糊涂又打死不认账的领导怎么办呢?

能怎么办?自认倒霉吧!

我的地盘，我做主

绛侯周勃是一个没有什么文化的武夫，但是这并不代表他没有心计。周勃是最早跟着刘邦起事的几个元老级人物之一，以前是靠织蚕箔为生的，有时候也帮有丧事的人家干点吹鼓手的活儿，根红苗正，绝对贫农。他靠着一身力气，能拉开硬弓，在反秦和楚汉战争中屡立战功。刘邦被封为汉王的时候，他就受爵为威武侯。汉朝建立之后，又被封为绛侯，担任国家最高军事长官——太尉。吕后死后，跟灌婴等大臣一起诛杀诸吕，恢复刘氏天下，功劳很大，后来又与陈平一起当丞相。陈平死后，单独任丞相，地位煊赫。

虽然当时还没有苏轼"高处不胜寒"的名句，但是想来周勃是十分明白这个道理的。他的一个门客就曾经劝他：

"您诛杀诸吕，策立当今皇帝，功劳盖世，但是恐怕祸患也就来了。"

前面有韩信、黥布等人的例子，周勃也很清楚自己表面的煊赫下隐藏的可能是深深的危机，所以也经常食不甘味，寝不安席。但他没有想到的是，祸患来得如此之快。

汉文帝即位后不久，就下诏列侯必须回到自己的封地，这实际上是要这些贵族们远离京城，以免影响朝政，同时，从某个角度上说，这也是对他们的贬斥，而周勃作为丞相，皇帝要求他以身作则，率先回到封地。周勃离开京城之后，整日惶惶不安，每当听到京城有使者来的时候，都担心是皇帝派来诛杀自己的，总是披上铠甲，命令家人手执兵器，收拾好了才敢见使者。

汉文帝四年，有人上书告周勃，说他想造反，皇帝毫不犹豫地把周勃扔进了监狱。在监狱里，周勃受到了狱吏的百般凌辱，无奈之下，只好重金贿赂狱吏。狱吏得了好处，停止了对周勃的欺压，还给他出主意怎么跑路子，向皇帝求情。终于，在社会各界的一致努力之下，周勃终于重见天日了，这时候他才感叹："我曾经率领百万军队，可是哪里知道狱吏的尊贵啊！"

无独有偶，西汉的韩安国也有类似的经历。有一次，他受别人牵连而下狱，在狱中也被狱吏百般凌辱，韩安国愤怒之下，对狱吏说：

"你以为我就没有死灰复燃的一天吗？"

谁知这狱吏比他更牛：

"你这死灰要是复燃了，我就撒泡尿把它浇熄！"

在以权力为尊的专制社会，每一个人都无师自通地学会了如何使用自己手中那点哪怕是很小的权力。清代方苞的《狱中杂记》就很详细地讲了当时狱卒们为了获得一点儿利益是如何把自己手中的权力运用到极致的。每个人都明白，权力是一个场。任何人，不管你是谁，只要进入了这个场，就必须服从这里的游戏规则。如果你进入到了自己的场，对不起，这是我的地盘，而我的地盘，自然就是我做主。

所以，周勃算是很聪明的。在官场历练多年，对场里的潜规则他早已烂熟于心，一看势头不对，马上放下丞相的架子，甚至向一个在权力场中极不起眼的小狱吏卑躬屈膝。因为他明白，县官不如现管，在别人的场中，任你曾出将入相，也得俯首听命。

相比之下，周勃的儿子周亚夫就稚嫩得多了。

周勃死后，他的儿子周胜之袭爵，并娶了皇帝的女儿当老婆。但是驸马却不是那么好当的，婚后两口子感情不好，板子当然要打在周胜之的屁股上。后来，皇帝寻了一个借口把周胜之给废了，而让周勃的小儿子周亚夫袭爵，封为条侯。后来为防备匈奴，又被封为将军。

周亚夫治军严明，军队驻扎细柳的时候，连皇帝的面子都不卖，给汉文帝留下了非常深刻的印象。汉文帝临终的时候，对汉景帝说，如果天下有事，最能带兵的就是周亚夫。

汉景帝三年，吴楚七国之乱爆发，周亚夫被任为太尉，率兵平定了叛乱，挽狂澜于既倒，后来拜为丞相。

可是，在平定叛乱的时候，周亚夫得罪了梁国国君，再加上在栗太子事件上得罪了皇帝，因此，他后来也被诬陷谋反，扔进了监狱。

比起他爹，周亚夫真是太不聪明了，他不明白，在权力的场中没有大小之分，没有是非之别，只有是否现管的区别。当狱吏质问他是否要造反的时候，他居然没明白这句话的潜台词，还在硬着脖子大声叫冤。狱吏一看这家伙这么不懂事，就冷冷地说："你即使不在地上造反，也要到地下去造反吧。"

狱吏逼迫得越来越紧。起初，狱吏逮捕周亚夫的时候，他想自杀，被夫人制止没能死成。接着就进了廷尉的监狱。周亚夫于是五天不吃饭，吐血而死。他的封地也被撤除。

新官上任不点火

曹参和萧何其实是有过节的。

他们两个都是刘邦最重要的部下，曹参在前线冲锋陷阵，萧何在后方运筹帷幄。照理说，汉朝的建立，他们都是功不可没的，可在论功行赏时，刘邦却明显偏向萧何，甚至还把包括曹参在内的其他大臣比作猎狗，把萧何比作猎人，硬是把萧何推上了第一功臣的宝座，让很多大臣都为曹参抱不平。后来，萧何当了丞相，而曹参则担任齐王刘肥的相国。

但是，当萧何死的消息传来时，曹参马上命令手下准备行装。手下问他为什么，曹参回答："我马上要到京城担任丞相去了。"

曹参估计得一点儿没错，萧何临终时，刘邦问他谁可以接替丞相之位，萧何推荐的唯一人选就是曹参。不久，使者果然来召曹参进京，然后，被拜为丞相。

可是，曹参上任之后，并没有像人们想象的那样风风火火，马上打开一个新局面，而是什么都不做，天天喝酒作乐，萧何时代的一切规定都不做任何更改。手下人觉得这新任的丞相似乎有尸位素餐之嫌，纷纷来劝谏。谁知，还没等他们开口，曹参就一个劲地灌他们喝酒，让他们开不了口。揣度着又有人还想说什么，再灌，直到灌得他们分不清东西南北，才放他们走。这样，手下人始终没有得到进谏的机会，也就习以为常了。

曹参的无所作为就连汉惠帝也觉得有些不舒服了，觉得这老头子是不是觉得我这皇帝太年轻，不愿为我做事啊。于是他找来曹参的儿子，对他说：

"你回家，看你爹心情好的时候问问他：先帝刚刚去世，您当丞相，天天喝酒，无所事事，这样是不是不称职呢？但是你别说是我叫你说的。"

儿子趁放假回家的时候，有一天，看着老子心情比较愉快，就按皇帝的指点给老子提意见，谁知道曹参一听大怒：

"回去上你的班！天下大事不是你应该插嘴的！"

然后家法伺候，硬是把儿子打了二百板子。

皇帝知道后心情很不好，上朝的时候就责问曹参：

"这事与你儿子没关系，是我叫他这么说的。"

曹参免冠谢罪说：

"皇上觉得自己跟高皇帝比如何？"

惠帝说：

"我怎么敢跟高皇帝比！"

曹参又说：

"那陛下觉得我跟萧何丞相比如何？"

惠帝说：

"您好像不如他。"

曹参说：

"陛下所言极是。高皇帝与萧何定天下，制定规则，您享受前人成果，我们臣下遵循这些规则，不是很好吗？"

汉惠帝恍然大悟说：

"好！您别再说了！"

这就是历史上所谓"萧规曹随"的故事。

曹参不肯改动萧何制定的规则，除了他自己的谦虚之外，与他信奉黄老之道是有关系的。曹参在刚刚担任齐相国的时候，曾经召集治下的著名学者开会，商讨怎么样才能治理好百姓。谁知道这些先生们各说各的一套，互不相让，吵得曹参头疼，也不知道该听谁的。听说胶西有个盖公很有学问，于是曹参准备了厚礼去请他。盖公学的是黄老之说，主张为政应该清静无为，这样人民自然会安定。这种说法很对曹参的胃口，他就避离正堂，让盖公住在那里。曹参担任齐相国九年，齐国十分安定。所以，在当上丞相之后，他也这样如法炮制，萧规曹随，就不足为奇了。

要是放到现在，曹参绝对不是一个聪明的官：他似乎不知道，为官之道，最重要的就是政绩，为了求政绩，官员不仅要想方设法突出自己与众不同的眼光，非比一般的气魄，甚至还要故意唱前任的反调。大凡前任注重新城扩建，我上任就专门搞旧城改造；前任修了一个公园，我上任就把公园拆了改广场；前任把所有的公共厕所都贴上马赛克，我上任就把马赛克都揭下来贴瓷砖……总而言之，前任的所有的东西都应该打倒，美其名曰"不破不立"，也不管是否会劳民伤财，民怨沸腾。做官嘛，总得留下点自己的印记，也算不枉到此一游。更何况，一朝天子一朝臣，本来就是官场惯例，新官上任三把火更是为官之圭臬，而像曹参这样，无所事事还自以为是，的确是太不会当官了。

可是，在我眼中，曹参却是一个真正的政治家。他当丞相，不是急于显示自己，证明自己，为自己捞政治资本，而是坦承自己不如萧何，谨遵萧何制定的律令，以达到不扰民的目的。原因很简单，在朝廷利益和个人政绩之上，他站在一个更高的维度——百姓的利益。曹参担任相国三年，去世之后，百姓作歌谣称赞他说：

萧何为法，

讲若画一；

曹参代之，

守而勿失。

载其清靖，

民以宁壹。

意识形态的二皮脸

除了汉高祖刘邦以外，西汉每个皇帝的庙号里都有一个"孝"字，比如，我们熟悉的汉文帝、汉武帝，他们的全称其实是"汉孝文帝""汉孝武帝"，这是其他朝代没有的。这显然跟汉武帝任用董仲舒"罢黜百家，独尊儒术"有关。此举使儒术代替了汉初黄老之术一直以来占据的位置，一举成为显学，更成为帝国最核心的意识形态。

汉宣帝的儿子汉元帝在当太子的时候就十分崇尚儒术。有一天，他趁自己老子高兴时小心翼翼地说："陛下使用刑罚太厉害了，我觉得应该任用儒生。"

谁知道，他老子白了他一眼：

"我们汉家王朝自己有自己的法度，本来就加入了霸王之道，为什么要崇尚儒术呢？"

太子吓得大气都不敢出。大概他怎么也想不到，自己遵循基本国策，对皇帝提出劝谏，竟会遭到这样的斥责。皇帝还不解气，继续教训他："那些儒生不懂时变，喜欢是古非今，拿来有什么用？！"

太子被教训得噤若寒蝉，但是皇帝还觉得没训够，无比失望地说："扰乱我汉家天下的人，就是太子啊！"

从这儿以后，汉宣帝甚至有了废掉太子的想法，想立淮阳王为太子，多次说起："淮阳王聪明，爱好以法家思想治理国家，这才是我的儿子啊！"好在，太子的母亲和皇帝是患难夫妻，汉宣帝多少还记点情，太子才没有被废掉。

其实，汉元帝并不明白，虽然从武帝之后，儒术就被尊为立国之本，但那只是在外人面前披上的一层漂亮的外衣罢了。皇帝们很清楚，靠儒家的温良恭俭让，是无法治理一个庞大的帝国的。因此，虽然汉武帝"罢黜百家，独尊儒术"，但其统治核心依然是外儒内法，真正起作用的，还是那层外衣掩盖着的刑具和利刃。

儒家的缺陷是很明显的，就连叔孙通都承认，儒术若不权变就无法适应现实。既然如此，汉武帝为什么又要支持董仲舒呢？原因主要有两个：其一是儒家以礼为核心的秩序主张是维护帝国等级制度的一个很好的工具，尤其是董仲舒又在此基础上提出了大一统思想，"普天之下，莫非王土；率土之滨，莫非王臣"。哪怕皇帝知道海外更有九州，可这种权力意淫即使只是想想也是很过瘾的。其二是董仲舒创造性地提出了"天人感应"的思想。皇帝们一旦"践祚"，就是登上皇位之后，满脑子想的就是怎么保住自己的位置。为此，帝王们不惜编出无数的故事来神化自己，从DNA开始就给自己脑袋上套光圈。而董仲舒宣扬君权天授，皇帝就是天子，这绝对是说到了皇帝的心坎上。

可是，正如汉宣帝所说，腐儒们是古非今、喋喋不休也是一件让人十分讨厌的事情。景帝的时候，儒生辕固生与黄生在皇帝面前吵架，黄生说："商汤和周武王并不是受之天命，而是犯了弑君之罪。"

辕固生说："桀纣暴虐，天下的人民都向往明君，难道不是受之天命吗？"

黄生还在认死理：

"反正他们以下犯上，那就是弑君。"

辕固生急了，使出了撒手锏：

"照你这样说，高祖推翻秦朝也是弑君吗？"

皇帝一听，觉得势头不对了：

"吃肉不吃马肝，不算不知肉的美味；谈学问的人不谈汤、武是否受天命继位，不算愚笨。"

不过，在这次论战中，皇帝显然还是偏向辕固生的。辕固生其实是借用了孟子的观点：国君如果不道就不叫国君，而叫独夫。诛杀不道国君也不是以下犯上，而是诛杀独夫而已。这样就很好地为刘邦反秦并取而代之找到了理论上的合法性。

辕固生可谓是个笃诚的儒生。他曾经在宫殿门口警告刚刚入宫，后来官至丞相的公孙弘："公孙先生，你一定要坚持正确的学说直言，不要用邪曲之说去迎合世俗！"

辕固生对儒学的诚笃甚至差点让他丢掉性命。景帝时，窦太后喜欢道家学说，向辕固生询问对《老子》的看法。辕固生出言不逊："这不过是家奴的书罢了！"窦太后大怒："哪里比得上你们儒家就像管制犯人一样的诗书呢！"余怒未消的窦太后下令让辕固生客串斗兽战士，让他到猪栏去跟野猪搏斗。景帝知道太后发怒了而辕固生直言并无罪过，就暗地里给了辕固生一把锋利的兵器。辕固生进猪栏之后就杀死了野猪，窦太后终于无话可说。

靠着皇帝的袒护，辕固生终于没有丧命。但有些人就没那么好运了，比如，汉宣帝时的盖宽饶。

盖宽饶字次公，是魏郡人。年轻时熟读儒家经典，担任郡文学，后来被举孝廉担任郎官，又升任谏大夫。上任不久，他就弹劾卫将军张安世的儿子张彭祖经过宫殿门不下车，还弹劾张安世身居高位却无所作为。经过调查，张彭祖当时过殿门确实下了车，盖宽饶因为举报不实而被贬为卫司马。

盖宽饶一接到卫司马的任命，就把自己的官服裁短，跟军服差不多，然后戴着大帽子，佩着长剑，亲自到士兵的宿舍嘘寒问暖，士兵对他感恩戴德。等到岁末交接工作的时候，数千士兵叩头自愿多服役一年，以报答盖宽饶的恩德。宣帝对他十分赏识，提拔他为太中大夫。

史书记载，盖宽饶"刚直高节，志在奉公"。但是这个人也"深刻喜陷害人"。他自恃是纯正的儒者，对他认为的"非礼"行为恨之入骨，也得罪了不少朝廷公卿。

一次，皇太子的外祖父，平恩侯许伯宅邸建成，邀请大臣们去庆贺，朝廷大员们都去了，盖宽饶不去。许伯再次邀请，不得已他才出席。盖宽饶到的时候众人已经入座，他大大咧咧地直接走到上位入座。许伯斟酒对盖宽饶说："盖先生迟到了啊！"盖宽饶说："别给我斟太多酒，我是酒狂。"在座的丞相魏侯笑着说："你醒着也是狂人，何必要酒？"

酒过三巡，长信少府谭长卿起来跳舞，模仿猕猴和狗打架的样子，众宾大笑，盖宽饶却不高兴了，仰头长叹："富贵无常，很快就会换人，就像这个客舍一样，所见的人太多了。只有谨慎小心才能持久，大人难道不应该谨慎些吗？"回去之后盖宽饶就上奏章，弹劾长信少府谭长卿身为列侯却跳猴子舞，失礼不敬。宣帝想治谭长卿的罪，许伯作为主人多次向皇帝谢罪，此事才不了了之。而盖宽饶也就把所有大臣都得罪了。而他又喜欢言事讥讽，与宣帝意愿不合，跟他同时当官或者后进的人有的都位至九卿了，只有他还原地踏步。

而盖宽饶最后惹怒宣帝的原因与太子一样，就是他把朝廷的话当真，坚持要以儒治国，终于把自己送上了死路。

当时宣帝重视刑法，重用宦官。盖宽饶上书斥责宣帝："当今圣道渐渐被荒废，儒术无法施行，陛下把受过腐刑的宦官当作周公、召公，把法律代替《诗》《书》（方今圣道浸废，儒术不行，以刑余为周、召，以法律为《诗》《书》）。"甚至还说，不管是皇帝还是官员，称职的就应该继续干下去，不称职的就应该让位（不得其人则不居其位）。这肯定是触了龙鳞，宣帝认为盖宽饶"怨谤终不改"，命令官吏要将其逮捕下狱。

不愿受辱的盖宽饶最后在北阙下用佩刀自尽，众人没有不哀怜他的。

盖宽饶是个诚笃的儒生，也是个愚蠢的儒生。他不知道自己不是太子，也不像太子一样有个曾经和皇帝共患难的娘。太子说这话都差点小命不保，而他居然敢在国策大政上与皇帝唱反调，其悲惨结局是注定的。更重要的是，他不知道，在政治面前，任何单一的学术都是谬误，这并非学术本身的错，而是因为政治需要的不是一张一成不变的面孔，而是能够随时变幻表情的二皮脸，甚至三皮脸、四皮脸。要收买人心的时候，就做出宽厚仁爱的模样；要杀鸡儆猴的时候，则毫不心慈手软；要你为他卖命的时候，就高唱"天行健"；抢了你东西要你认命的时候，他又教你要"四大皆空"……所谓意识形态，只是权位者手中的橡皮泥，想怎么捏，就怎么捏；需要怎么捏，就怎么捏。

可是，那些死守经义、不知伪诈的书生们哪里知道这里面的奥妙！晋朝司马氏用最卑鄙无耻的手段夺得了天下，转过头来就要"以孝治天下"，弄得一帮儒生愤懑莫名，自己曾经崇尚的经义在现实中被击得粉碎，这无异于一个老妓女来给大家讲怎么当贵女闺秀。大家纷纷离席而去，可是，藏在老妓女冠冕的话筒之后的，是冷冷的剑锋的寒光。于是，最纯正的书生被扣上了"非汤武而薄孔周"的帽子。其结局，只能是像嵇康一样，被押到东市去砍头。

两千年前的严打风暴

酷吏的初级版本

刘邦和项羽参加反秦战争的时候，很大程度上借助了世家大族的力量。这些世家大族很多在战国时就已经形成，在反秦斗争中也多扮演领导者角色。随着项羽的败亡和西汉的建立，这些大族不得不面对失败的命运。如齐国田氏家族最后的继承者田横，就不愿臣服刘邦而选择了自杀，随同他一起到京城的两个手下在安葬了他之后也自杀了，而他留在海岛上的五百手下听说此消息之后亦全部自杀。

据《哈佛中国史》说，汉代文献记载的最大家族拥有的土地面积，还不到一个罗马豪强大族或者中世纪寺院的十分之一。但是"他们的抱负不是简单地囤积土地和聚集财富，而是利用这些土地和财富来构建广泛的网络，把忠心于自己的、能够听从支配的亲戚、代理人和邻居们联系在一起。"（《哈佛中国史·早期中华帝国：秦与汉》）《哈佛中国史》中还提到了古书《太公阴符》对豪强的看法：

（豪强大族）会使整个地区处在私人联盟的影响之下。它（指《太公阴符》）视关系网为一个政治问题而非道德问题。两者的区别在于其影响力的地理范围不一样。关系网是豪强大族宗法关系的扩张以及过度增长的私人财富。

西汉王朝建立后经历了剿灭功臣、吕后专制、七国之乱等风波之后，对政权较大的威胁已经被挨个铲除了。到景帝和武帝时，皇帝的目光转向了豪门大族这个目标。这个目标因为韩信、黥布的死亡，刘濞的惨败而变成了皇帝集权最大的障碍，专制集权不容许在"率土之滨"有异于皇权的权力存在。于是，从景帝开始，一场针对豪门大族的严打风暴开始刮起，而站在这风暴最前端的，就是被《史记》和《汉书》列入"酷吏传"的一批官员。

《酷吏列传》中第一个说到的就是郅都。

郅都在汉景帝时曾担任中郎将，负责皇帝的保卫工作。但是他似乎不满足于只做自己的本职工作，还经常玩点跨界。史书说他，"敢直谏"，还经常在朝廷上驳斥大臣。而真正让他声名远扬的是发生在一次郊游中的事情。

一次，郅都跟着景帝到上林苑玩，陪同的景帝的妃子贾姬内急去上厕所。汉代的厕所大概是很原生态的，贾姬刚一进去，一头野猪跟跟进去了。皇帝给侍卫郅都使眼色要他进去救援，郅都不动。理由很充足，皇帝的女人走光了比丢命严重得多。景帝看不行，要自己拿着兵器进去救。郅都伏地阻拦说："陛下死了一个女人，马上会有另外的女人进献。天下难道还会少了像贾姬这样的女人吗？陛下纵然要看轻自己的性命，但宗庙和太后怎么办呢？"

听了这话，皇帝最终没有进女厕所英雄救美，而野猪也奇迹般地没有伤害贾姬。郅都的话后来让太后知道了，太后十分赞赏，赐郅都黄金百斤。郅都由此被皇帝重用。

济南有一个豪强大族瞷氏，宗族有三百多家，声势显赫，前后地方官都拿他们没办法。景帝就拜郅都为济南太守。郅都一到任就诛杀了瞷氏中为首作恶的人，其他的人吓得两腿打战。郅都任职一年多，济南民风大变，达到了路不拾遗的程度。不仅他治下的百姓害怕他，旁边十几个郡的太守也像害怕上司一样害怕郅都。

后来，郅都被提拔为中尉。他为人高傲，即使见了丞相也只是作个揖而已。执法时，他从来不顾对方是否位高权重，因此列侯宗室看见他，都对他"侧目而视"，称他为"苍鹰"。

而郅都最终也死在他得罪的权贵手里。

景帝一开始立的太子是刘荣，但由于他母亲栗姬的原因，刘荣后来被废，改封临江王。景帝中元二年（前148年），刘荣因为侵占宗庙土地而被治罪，审理他的就是中尉郅都。郅都审问很严，刘荣十分惶恐，请求郅都给他刀笔，要自己写奏章向皇帝谢罪。郅都叫下属官吏不要给他。后来，窦太后的侄子魏其侯窦婴派人偷偷给了刘荣刀笔。刘荣写完谢罪奏章之后就自杀了。

窦太后听说此事后大怒，用严峻的法律惩罚了郅都。郅都还被免职回家。景帝一直信任郅都，于是派使者拿着朝廷的信物任命他为雁门太守防守匈奴。匈奴人之前就听说过郅都的威名，听说他要防守边境就带兵远离了边塞，一直到郅都死前都不曾靠近雁门。匈奴人还按照郅都的样子做成木偶，让骑兵骑着马射木偶，竟然没有人能够射中。匈奴人怕他居然怕成这个样子。

景帝对郅都的偏爱最终也没能救他的命。窦太后后来还是坚持要杀郅都。景帝辩解说："郅都是忠臣。"窦太后反驳说："临江王难道不是忠臣吗？"最后郅都还是被杀了。

虽然被列入酷吏，但是后世对郅都的评价还是比较高的。《史记》和《汉书》都说他廉洁，不跟任何人有私人通信，也不接受任何人的礼物，更不接受任何人的请托。他曾经说："既然已经背弃亲人出来当官，当然应当恪尽职守，竭尽全力，终究也不能顾念妻子和儿女了。"后世司马光评价他说"伉直，引是非，争天下大体"，《三国志》中，步骘在《上疏奖劝太子登》里评价郅都道："郅都守边，匈奴窜迹。故贤人所在，折冲万里，信国家之利器，崇替之所由也。"

郅都之后，宁成接替了他中尉的职位。宁成为政跟郅都相似，喜欢杀伐，不避权贵，但是廉洁不如郅都。宁成有一个外号叫"乳虎"，因为当时人们传说："宁值乳虎，无值宁成之怒。"意思是说，宁愿碰上正在哺乳幼虎的母老虎，也不愿碰上正在发怒的宁成。不过宁成和郅都一样，也因为执法不避权贵，结果被权贵陷害，下狱受刑。

汉代的官员以受刑为耻，大多都在入狱前就自杀，以求保全名节。但是宁成却忍辱受刑，之后他私造令符逃出函谷关回到家乡。仕途失意的宁成干脆在家乡种田务农，顺带放点高利贷，几年后居然成了当地的豪门大族。

郅都、宁成之后，著名的酷吏还有义纵，不过，和前面两位比起来，他在"酷"上并没有提升到一个新境界。这几个充其量只能算酷吏的初级版本，真正让人毛骨悚然的升级版，应该是王温舒。

重新洗牌中的棋子

王温舒年轻时候是游手好闲的主儿，主要的营生就是月黑风高之时在僻静的小道上等候过往行人，用铁锤杀死，然后抢劫财物，最后还负责埋掉尸首，服务周到，配套齐全。就这么一个凶徒，后来被提拔为亭长，结果因为不称职而被免官，之后又到县衙门当小吏，逐渐升为廷尉史。后来，王温舒投靠有名的酷吏张汤，担任广平郡都尉。他任用了一批有案底的亡命之徒，用以前的劣迹来要挟他们，如果捕捉"盗贼"有功，则王温舒对前罪一概不问；如果抓捕不力，轻则杀头，重则灭族。

王温舒的工作得到了上级领导的充分重视和肯定。因此，不久，他被提升为河内郡太守。这时候，王温舒的"能力"可以说发挥到了极致。王温舒在广平时，就知道河内的豪强奸猾。他上任后，命令郡府准备五十匹本郡专用马，组成一条从河内至长安的驿道，要求凡是河内到京师的往来文书必须以最快的速度送达。之后，他部署吏员用在广平时办案的办法，逮捕郡里的豪强大族，连坐的有一千多家，其中不少是无辜百姓。之后，他向皇帝上书，提出对这些人的惩处方案：罪大者灭族，罪小者杀头，家产全部充公。以前驿站传递文书很慢，但是由于王温舒事先的安排，书奏不过两日，皇帝的允准诏书就送达了。河内官民对如此神速无不感到惊讶。诏书一到，一场大规模的杀戮就开始了，三个月内，被杀的有上万人，流血十多里，血流成河，尸积成山。汉朝法令规定：春夏禁止杀人，秋冬方可。眼看春季到来，王温舒顿足叹曰："假如冬季再长一个月，我就可以办完我的事情了！"

就是这样一个近乎变态的杀人狂魔，却得到皇帝的无比赏识——由于在河内的功绩，他被提拔为中尉，由一个地方官成为京官，后来又成为廷尉，位列九卿，权倾天下。这绝不是皇帝脑子进水一时糊涂，其根本原因就是，王温舒是皇帝手中一颗重要的棋子。

每一个王朝的建立，都是一个重新洗牌、利益再分配的过程。从西汉建立开始，皇帝们就为专制集权的巩固而殚精竭虑。西汉初年，一批战争中的功臣纷纷被封王封侯，建立起了自己的诸侯国，而这些国中之国也成了中央集权的心腹之患。于是汉高祖刘邦诛韩信、杀彭越、平黥布，又杀白马盟誓，基本剪除了异姓王对中央的威胁。但是，同姓的王爷们在权力利益的引诱下也不见得就让中央省心。最终，汉景帝时期爆发了七国之乱，这次叛乱朝廷只花了几个月的时间就迅速平定，可见中央对此是早有准备的。七国之乱平定之后，朝廷又通过颁布"推恩令"等手段进一步削夺诸侯王势力，剩下的王国越来越小，越来越弱，再也无法跟中央抗衡，于是，中央由大到小的国有化行动就落到了豪强的头上。而对豪强的打击，除了为了进一步稳固中央政权之外，另一个重要的目的就是为了将豪强们的土地收归国有，所以，这实际上是继刘邦灭异姓王和景帝削同姓王之后的又一次轰轰烈烈的国有化运动。而王温舒等酷吏，就是这场国有化运动中皇帝手中必要的棋子。

比起郅都和宁成甚至义纵，王温舒的个人操守要差得多。

《汉书》记载他善于谄媚，喜欢侍奉有权势的人。对没有权势的人就当作奴隶一样使唤，而有权势的人家即使罪恶累积成山他也不闻不问。

王温舒这样做无疑是为了自保，但是他并不知道，即使是这样对权势胁肩谄笑，也未必能保住自己的命，因为究其根本，他不过是一个棋子而已。棋子的价值只存在于棋局当中，一旦棋局结束，棋子也就没有任何存在的必要了。因此，当王温舒的"事业"蒸蒸日上的时候，也是他丧钟悄悄敲响之时。

不久，他因为一些小罪下狱，随后被诛三族。与此同时，他的两个弟弟也因为其他罪行分别被灭族。有人感慨道："古代只有诛三族的例子，王温舒却被诛了五族。"

这场棋局中，赢家只有一个——皇帝。

《西游记》里面有一个有趣的现象，很多法力高强的妖怪，要么是神仙的坐骑，要么是佛前的侍卫，下凡之后无恶不作，多次险些坏了取经大业。当然，最后收服这些妖怪，也往往是神仙们亲自动手。于是，这些妖怪们做过什么坏事似乎都不重要了，重要的是神仙们不辞辛劳降妖除魔，即使刻薄如孙悟空者，此时此刻也免不了要对神仙们感恩戴德，至于神仙和妖怪们背后有没有什么暗箱交易，此时都不重要了。

于是，皇帝一手培养出来的酷吏们弄得民不聊生天怒人怨时，再由皇帝重拳出击为民除害。老百姓欢呼雀跃，山呼万岁，这时候你怎么可能不由衷地赞叹一句：

"皇上圣明！"

从屠伯到尹赏

《汉书》说，汉朝建立之初，"是时民朴，畏罪自重"，意思是那时候，人民本性还十分淳朴，害怕犯罪，循规蹈矩。但是郅都、宁成、王温舒等人的滥杀使人人自危，而他们的继任者大多也是杀人无数的刽子手，所以"吏民益轻犯法，盗贼滋起"。汉武帝时，南阳、楚地、齐地、燕赵等地都有百姓奋起反抗，有的多达数千人。百姓攻打城池，抢劫兵器，释放死囚，帝国动荡不安。无奈之下，汉武帝任命张德等人穿着绣衣，拿着符节虎符，用战时的命令发兵镇压。这就是史书说的"绣衣直指使者"。几年之后，虽然朝廷诛杀了一些首领，但是余众据守山谷，朝廷也无可奈何。

这时候皇帝宣布执行"沉命法"，其核心意思就是如果地方官所辖范围有百姓造反没有及时发觉，或者发觉了但是没有及时剿灭的，二千石以下到小吏全部判处死刑。这样的严酷刑法导致的后果想都想得到：地方官害怕被杀，辖区发生了动乱根本不敢上报，上下一起隐瞒。所以反叛越来越多，但是朝廷得到的消息还是一形势片大好。

到汉成帝的时候，社会动荡波及范围非常广，甚至连京师也不得幸免。

《汉书》说，当时京师长安的社会风气很坏，社会秩序极为混乱，一批为非作歹的人横行霸道，拉帮结伙，残害贤良官吏，严重危害社会秩序，毒化社会风气。他们组成杀手团伙，接受酬劳刺杀官吏，每次刺杀前他们都会聚在一起从袋子里取弹丸来决定任务，拿到红丸的杀武官，拿到黑丸的杀文官，拿到白丸的给死去的同党办丧事。这就是被后世称为"探丸杀吏"的死亡游戏。于是，很长一段时间内，长安街上死伤遍地，报警的鼓声鸣响不绝。

治安的恶化催生了新一代酷吏的成长，他们比前面的郅都、宁成、王温舒更残忍、更野蛮，其手段也不断刷新人类容忍的下限。严延年就是其中具有代表性的一个。

严延年字次卿，东海下邳人。他父亲曾经做过丞相掾，他从小就在丞相府学习法律，后来担任侍御史。因为曾经弹劾权倾一时的霍光而被朝廷注意，后来从军讨伐西羌，胜利后被任命为涿郡太守。

当时的涿郡情况十分混乱，有毕野白扰乱治安，又有西高氏和东高氏两个大族横行不法。当地人外出都要张弓拔刀，警戒万分才敢上路。严延年到任之后，就让手下一个叫赵绣的属官拷问高氏，并撰写高家的罪状。这个小吏看严延年是新来的，不知道深浅，就写了两个罪状，一个轻的一个重的，打算先给严延年看轻的，如果他发怒了再给他看重的。谁知道他的小算盘被严延年识破，太守下令搜身，找到了那个重罪的文书，当夜即刻把赵绣扔进监狱，第二天早晨就杀了。随即派官吏分别查究两个高家的罪状，每家都诛杀了十多人。一时间郡中震恐，路不拾遗。

严延年表面看是个疾恶如仇的守法官员，其实他不过是借摧毁豪强以立威。法令在他手里就是随意玩捏的橡皮泥。大家都认为应该判死刑的，他心血来潮就给放了；大家都认为应该活下来的，他却歪曲法令给杀了。大家都无法猜透他的心思深浅。而他对于忌恨的人，一定会把案子做成铁案，让人永远无法辩冤。

每到冬天，就是这些酷吏大显神威的时候。严延年忙着派驿车转送囚犯，在堂上审理，大多都被他判了死刑，郡内流血数里，河南人称他为"屠伯"。

而就是这个"屠伯"，却认为自己居功至伟，应该加官晋爵。但是他的凶残让朝士为之侧目，他的官位也一直没有升迁，反而因为一些小事被贬斥。严延年对此愤愤不平。

严延年手下有一个叫义的老丞，一直畏惧这位领导，害怕有一天也死在他手里。其实严延年在当丞相史的时候就和这个人是同事，关系一直不错，从来没有想到对他下手，反而经常送些礼物给义。谁知道这让义更加恐惧，认为这是严延年要对自己下毒手的预兆。于是他请假到长安，给朝廷写了一封奏折，列举了严延年的十大罪状。奏折送上去之后，义就自杀了，以表明自己没有欺骗皇帝。

事发之后，朝廷追查严延年的罪行，证明一切属实。曾经让人闻风丧胆的严延年最后被斩首。

严延年的残暴不仅让多年的老部下害怕，连他母亲都很震惊。有一年，严延年的母亲来看他，进入治所境内就看见到处在处决人犯，严母大惊，不愿意到官府去住，而是住在都亭。严延年不知道出了什么事，到都亭去拜见母亲。过了很久母亲才出来见他，严厉训斥他说：

"你当朝廷的郡守，没有实行仁爱教化，让人民安居乐业，反而用刑法滥杀百姓，借此立威，这哪里是父母官应该做的！"

这个母亲无疑是深明大义的。她还规劝儿子："天道神明，不能擅杀人命。我不想老了还看见儿子犯法被杀！"

可惜，严延年并没把母亲的话当回事。他更不会意识到，以杀戮对人，自己最终也会死于杀戮。不知道他临刑的时候是否会想起母亲的劝告，但此时如同李斯刑前还盼望能跟儿子牵黄犬出东门围猎一样，都已是奢望了。

在酷吏的舞台上，如果认为严延年已经登峰造极，那就错了。

前文说过，严酷的刑罚激起的是百姓更强烈的反弹。武帝时，农民起义就已经风起云涌，朝廷被迫派出"绣衣直指使者"，对动乱地区实行军管，但是收效甚微。而成帝时，由于皇帝昏庸不理朝政，社会治安进一步恶化，京城居然出现了"探丸杀吏"的职业杀手团伙。这时候一个比严延年更残忍的酷吏登上了历史舞台，他叫尹赏。

尹赏字子心，曾经担任楼烦长和郑令等官职。后来长安治安恶化，他被任命为代理长安令，并允许他便宜从事。尹赏到任之后，第一件事就是改造长安监狱。他在监狱里挖了很多大坑，每个都有几丈深，内壁用陶片镶砌，再用大石头覆盖在上面。尹赏给这种装置起了个名字叫"虎穴"。

安排好之后，尹赏就部署手下调查长安著名的轻薄恶少，连同没有市籍的商人，甚至穿得比较鲜艳、经常手持兵器的人，全部登记造册。一切部署好之后，尹赏一天之内集合长安官吏，驾驶几百辆车，分头搜捕，全部以勾结盗贼的罪名抓起来。尹赏亲自审理，每十个人释放一个，其余的人全部投入虎穴，每个虎穴投一百个人进去，然后盖上大石。几天之后移开大石，这些人全部惨死在里面。尹赏派人把尸体运出来，堆放在外示众，还附上每个人的名字。一百天后才让家属收尸。家属嚎哭声震天动地，就连路过的人也为之垂泪。当时有人写了一首歌：

安所求子死？
桓东少年场。
生时谅不谨，
枯骨后何葬？

而尹赏释放的那些人，其实恰恰是恶少中的首领，或者家里有势力的子弟。尹赏把他们的罪行全部赦免，让他们立功自赎，将其作为自己的左膀右臂。这样一来，长安的盗贼的确得到了遏制，而尹赏也因此声名大震。

后来尹赏被任命为江夏太守，追捕长江上的盗贼。但是由于他实在太过残忍，之后还是被免官了。

晚年的尹赏在死前对他几个儿子说：

"当官因为残忍被免官，总比因软弱被免官好。前者即使被免，过不了几年朝廷会想起你的能力，迟早会重新任用你。如果因为软弱被免官，那你一生都不会有东山再起的机会。"

一代屠夫的毕生经验居然是这样一句话，这真是历史的悲剧！

坏法官与好法官都是假法官

班固评价一个叫周阳由的酷吏，说他"所爱者，挠法活之；所憎者，曲法灭之"。事实上这也是酷吏们的共同特点。法律只是他们手中的一个工具，其作用就是拉拢同党，剪除异己，当然更重要的是顺承上意。表面上看起来，酷吏们在治理动乱、维护社会治安方面都做出了不小的贡献，但是从另一个角度说，他们自己其实就是社会动乱的始作俑者。《汉书》中指出，汉朝建立初期人民质朴，自尊自爱，很少犯法。正是景帝、武帝任用郅都、宁成这些酷吏以血腥手段铲除豪强，才造成了后来的民怨沸腾和社会动荡；之后再由王温舒、尹赏这些酷吏"挽狂澜于既倒"，超越法律限制进行"严打"，而这样做的结果，就是法律的客观和威严荡然无存。

对这一点，酷吏们是心知肚明的。

武帝时的杜周就是这样的人。史书说他"善候司。上所欲挤者，因而陷之；上所欲释，久系待间而微见其冤状"。意思就是说他善于揣测皇帝的意志，皇帝想要谁死，他就不顾一切地陷害；皇帝想放了谁，他就把谁长久关押，同时打探他的冤情（上报给皇帝）。有人对他的所作所为很看不惯，责问他说：

"大人为天子判决案件，却不依据法令办事，只把皇帝的意志作为断案的依据，难道司法官吏应该是这样的吗？"

杜周回答：

"法律从哪里出来的？从前的君主认为正确的就制定成法律，后来的君主认为正确的就写下来成为法令，适合当时情况的就是正确的，哪里有恒定不变的法律呢！"

杜周的话虽然蛮横，却点出了君权统治下法律的实质：不过就是皇帝的意志罢了。皇帝喜欢道家的时候，清静无为就是法律；皇帝喜欢儒家的时候，诗书礼教就是法律；而皇帝喜欢法家的时候严刑峻法就是法律……换而言之，法制精神在君权下是不存在的，几千年来的中国不过是人治，更确切地说，就是皇帝一个人的意志代替了整个国家的法律。

《史记》和《汉书》中评价都很高的法官应该是张释之了。他曾在汉景帝时任廷尉，主管司法。他主张法律不能以皇帝的意志为转移，而且反对皇帝以个人意志随意修改或者废除法律。他在执法过程中若与皇帝意志发生冲突往往能够坚持守法，这是很难能可贵的。

比如，当时发生了这样一个案子：一个小偷偷了汉高祖庙中的玉环。张释之按照法律规定判他死刑。汉文帝很不高兴，认为犯下这样的大罪应该族诛，张释之据理力争，最后让皇帝收回了成命。

还有一次，汉文帝出巡，经过中渭桥的时候，一个人突然从桥下窜出来，惊了皇帝的车驾。张释之调查后知道这个人是躲在桥下，想等皇帝车驾过了之后再出来。谁知道皇帝车驾过了很长时间，他以为已经过完了，就跑了出来。张释之按照法律判处这个人"冒犯车驾，罚金四两"。汉文帝很不高兴：

"这个人惊了我的马，幸好我的马性格温顺，如果换其他的马，我不是就受伤了吗？而你竟然只是罚款！"

张释之的回答很有意思：

"法律应该是天子和百姓共同遵守的。法律本来就这样规定了而我们却随意从重处罚，这样法律就无法取信于民了。况且当时如果陛下派人直接杀了他也就算了，现在已经把案子转到廷尉，廷尉是天下公正执法的带头人，如果廷尉不公正，地方也会不公，百姓就会惶恐不安！"

张释之前面的话是义正词严，也颇得法律公正之精髓。但是这段话的有趣之处在于后半部分："况且当时如果陛下派人直接杀了他也就算了。"也就是说，即便是被称为执法最公正的张释之，也默认皇帝可以不经审判杀掉自己讨厌的人。换而言之，他也同样认为，皇帝其实是凌驾于法律之上的。从这个层面说，他跟曲法奉承君权的杜周其实没有本质的不同。

坏法官也好，好法官也罢，他们都不是真正的法官。

我并不是要以今天的法制精神来苛求古人，我只是想说，在专制集权下，法律不过是皇帝意志的体现，也就是所谓的"王法"，远不是真正的法律。而只要集权存在，通往法律公平的道路就依然十分遥远。

嘴皮子　枪杆子　印把子

学者们说，先秦的百家争鸣是中国学术思想史上第一个高潮。每说到此，专家们总是津津有味地列举出儒家、道家、法家、阴阳家、纵横家、农家、兵家、小说家等一大堆帮派名称，顺带列举更多的大佬和他们的传世秘籍。但是，与苏格拉底、柏拉图等西方学者不同，中国古代学者学习的终极目的很少是为了追求真理，探索广阔的世界，大多是为了"学成文武艺，货与帝王家"，为诸侯相，为帝王师，这才是讲求现实的中国知识分子的终极目标，至于学问，如果有的话，也只不过是敲门砖罢了。

苏秦以合纵之策取得诸侯信任，最后佩六国相印，权倾一时。但是正当他的事业风生水起的时候，他却暗中唆使自己的同学张仪到秦国去。虽然《史记》里说，这是苏秦怕秦国攻赵破坏合纵，才让张仪去劝说的。但他难道不知道同学张仪的才能？把这样一个人才赶到秦国去不是存心给自己添一个敌人吗？难道是他武功高得独孤求败只好玩左右互搏吗？显然不是。他的如意算盘就是让张仪辅佐秦国使之成为六国最大的威胁，六国才可能更重视自己，才更能刷出自己的存在感。他哪里是真的希望联合六国击败秦国呢？恰恰相反，他心里清楚地明白，秦国被灭之日，就是自己价值用尽之时。为了保住自己的荣华富贵，他不惜给自己立一个劲敌，让这战争永远持续下去，这在后世叫"养寇自重"。至于最后是合纵胜还是连横胜，那又有什么关系呢？

所以，什么保家卫国、齐心御侮都是假的，唯一真实的就是苏大人的煊赫相位和无尽荣华。于是想到，直到今天，苏秦"悬梁刺股"的故事还是中国家长和老师鼓励孩子努力学习最常用的材料，被这样的乳汁哺育了两千多年的中国知识分子会是什么样子也就可想而知了。

　　南北朝时的文士黄征凭着读书做了安州刺史。有一次，他路过老家，大宴宾客，喜滋滋地说："腰龟返国，昔人称荣，仗节还家，云胡不乐。（腰里挂着代表官位的金龟回到家乡，古人都说这是荣耀的事；带着皇帝赐予的符节返乡，难道还有什么不快乐的吗？）"还对家人说："我今天的富贵都是辛勤学习得到的，不是从天上掉下来的。（《北史·儒林·黄征传》）"这话乍听似乎没有问题，但是细细品味，总能咂摸出一种小人得志的猖狂。而另一个叫马敬德的读书人更是露骨。马敬德因为教过齐后主读书而被授予开府仪同三司之职，他的学生听说之后欣喜若狂，纷纷吹牛："咱马老师比孔子还牛！孔子都还没做过仪同呢！"鄙俗之态，令人掩鼻。

　　中国有一个词形容这些文士的本事十分贴切——"三寸不烂之舌"。这就是说他们的目的并不在于追求学问和真理，也谈不上有多大学问，有的只是一张能言善辩的嘴和嘴里的一条舌头罢了。所以张仪还没显贵时曾经被诬陷偷了楚相的玉璧，结果被痛打一顿。回家之后他问老婆，你看我舌头在不？老婆说在。张仪说，舌头在，那就够了。

　　秦末无道，陈胜首义，应者云集，局势波谲云诡，纷乱不亚于战国。这是野心家的时代，也是赌徒的时代，更是中国式知识分子层出不穷的时代，郦食其就是其中的一个。

　　郦食其是陈留高阳人，爱读书，家贫落魄，潦倒到当看门人。由于这老头脾气挺大，所以大家都不敢惹他，称他狂生。

　　陈胜吴广起义后，天下纷纷反秦，几十支队伍都经过高阳。郦食其一直在暗中观察，认为这些将领大多鼠目寸光，只会摆排场装架子，皆无可观。等到刘邦带兵经过，郦食其街坊的儿子在刘邦军中，郦食其对他说："我听说沛公傲慢轻蔑人，但是胸中却有雄才大略，这种人我愿意跟随，你去帮我引荐一下。"

这个小伙子说:"大爷您就省省吧!沛公不喜欢儒生。许多人头戴儒生的帽子来见他,他就立刻把他们的帽子摘下来,在里边撒尿。和人谈话的时候,动不动就破口大骂。所以您最好不要去。"

郦食其坚持说:"你只管通报。"

这个年轻人只好向刘邦推荐了郦食其。

刘邦于是派人传召郦食其。郦食其进见时,刘邦正坐着让两个女子洗脚。郦食其见了也不下拜,直接说:"您是想帮助秦国攻打诸侯呢,还是想率领诸侯灭掉秦国呢?"

这样没头脑的话果然激起了刘邦的兴趣:"你这蠢儒生!我当然要灭秦。"

郦食其接着说:"你想灭秦,就不应该对长者倨傲。"

刘邦一看这人似乎有些来头,立刻停止了洗脚,起身整理好衣裳,把郦生请到了上宾的座位,并且向他道歉。

郦食其接着跟刘邦分析了天下局势,他知道现在刘邦想攻打陈留但是苦于打不下来,于是打包票说,陈留令跟我有旧交,让我替你去劝降吧。刘邦答应了。

郦食其见了陈留令,但是这次他的巧舌如簧却不顶用了。陈留令拒绝投降,但是看在故人的面上,当晚留郦食其在自己家休息。可是郦食其却没有把陈留令当成故人。睡到半夜,郦食其起来杀掉了陈留令,砍下他的头,偷偷出了城。次日,刘邦的军队提着陈留令的头来劝降。陈留守军见大势已去,只好开城门投降。

郦食其立了大功,被刘邦封为广野君。郦食其趁机推荐了自己的弟弟郦商,刘邦派给郦商数千人,向西南攻城略地,而郦食其经常充当说客,往来纵横于诸侯间。

郦食其建立的最大功勋就是凭一张嘴说下了齐国七十多座城池,也就是因为这功勋,他丢掉了自己的性命。

汉高祖三年,刘邦在荥阳被项羽打得大败,想退守不出。郦食其听说之后力劝刘邦守住敖仓粮仓,自己愿意出使齐国,让他们归顺汉军,刘邦听从了他的建议，坚守敖仓。

郦食其到齐国之后，跟齐王仔细分析了当下局势，告诉他，只有投靠刘邦才是万全之策。齐王听了之后决定归汉。刘邦的后顾之忧没有了，还白白得到了齐国的七十多座城池。齐王也很感激郦食其，就留他在齐国，每天好酒好肉地招待。自称高阳酒徒的郦食其更是乐不思蜀了。

登上人生巅峰的郦食其并不知道，正在自己置酒高会的时候，一双冒血的眼睛正在盯着他，这双眼睛后面，是他即将到来的末日。

这双眼睛的主人叫蒯彻，因为避汉武帝刘彻的讳，《史记》和《汉书》都写作蒯通。

蒯通是韩信的手下，当时韩信正在领兵攻打齐国，虽然韩信用兵如神，打仗毕竟是艰苦的事，所以部队进展很慢。正在这时，传来消息说郦食其已经劝降了齐国，齐国现在是盟友了。韩信就停止了军事行动。

郦食其轻松建立大功，蒯通无法抑制自己的嫉妒，撺掇韩信说：

"将军受诏攻打齐国，而汉背着将军派使者劝降齐国，汉下诏给将军要您撤兵了吗？咱们为什么要撤？而且他郦食其一个书生，轻轻松松就收复了齐国七十多座城，而您带着几万人，一年多才打下五十多座城，你身为大将，难道还不如一个腐儒？"

韩信听了之后也觉得不服气，马上带兵袭击了齐国历下守备部队。齐国以为汉军已经是盟军，根本没有防备，结果大败。这也把郦食其推上了死路。

齐王田广闻讯后大怒，要郦食其让汉军立刻停止攻击，不然就烹了他。郦食其知道自己被出卖，如何能劝止战神韩信？只好最后嘴硬了一次："你爷爷是做大事的人，不会考虑细枝末节的问题，我不想再跟你说了！"于是被齐王给活煮了。

按理说，蒯通跟郦食其是同行，都是靠嘴巴吃饭的，而蒯通却毫不犹豫地出卖了郦食其。当然，这也应验了一句话："同行是冤家"。在利益面前，根本就没有什么正义和道义可讲。当年郦食其深夜砍了把自己当朋友的陈留令的头时，就应该想到自己也会有今天。

设计陷害了郦食其的蒯通仍然跟着韩信。韩信后来打下了整个齐国，并要挟刘邦封自己为假齐王（代理齐王）。刘邦心里一万个不愿意，但是在陈平和张良的开导下，被迫封韩信为齐王。

韩信此时占领整个齐地，声望如日中天，地位举足轻重。蒯通对此了如指掌。有一天他故作神秘地对韩信说：

"我的先辈曾经教过我相人的方法。"

韩信问：

"那你给我相相如何？"

蒯通说：

"相您的面，地位最多不过封侯，还总是处在危险之中；相您的背，贵不可言。"

古代从来没有相背的说法，蒯通的意思是劝韩信背叛刘邦。

蒯通说：

"现在您支持项羽，项羽得胜；支持刘邦，刘邦得胜。但是我以为，最好的办法是您自立山头，三分天下，鼎足而立，没谁能轻举妄动。"

所以，中国最早的三国鼎立不是诸葛亮提出来的，而是早他四百年的蒯通提出来的。

但是韩信不是蒯通，也不是郦食其，在他的心中，一直留存着对刘邦知遇之恩的感激：

"汉王待我很好，让我坐他的车，让我吃他的食物，让我穿他的衣服，我怎么能为了利益而背弃道义呢！"

这在蒯通看来，简直是迂腐透顶。张耳、陈余也被称为刎颈之交，但是为了私利而反目成仇，互相致对方于死地；勾践灭吴，曾经的忠臣文种就被诛杀。韩信已经功高震主，却因为所谓的道义而不敢背汉，这在蒯通看来是无比愚蠢的事情。但是他一再劝说，韩信仍然不听。蒯通知道韩信最后的结局肯定是兔死狗烹，于是自己装疯离开，打扮成一个巫师装神弄鬼去了。

后来，韩信果然被刘邦以谋反罪逮捕，被吕后和萧何设计诛杀于长乐宫钟室。

韩信临死时长叹："真后悔没听蒯通的计策啊！结果让我遭了女人的毒手！这难道不是天意吗？"

刘邦知道之后，马上逮捕蒯通，责问他："你教唆韩信谋反吗？"

蒯通倒是很坦率："是的，我教过。只是那小子没听我的话，不然他怎么会被你杀掉呢？"

刘邦大怒，要把蒯通扔进鼎里煮了。蒯通大呼冤枉。刘邦问："你教唆韩信谋反有什么冤枉的？"

蒯通说："狗总是对着主人以外的人狂吠。那时候我只知道有齐王韩信，不知道有您。何况，天下大乱的时候想成为皇帝的人那么多，陛下能够杀尽吗？"

不知道是因为蒯通的坦诚还是因为以狗自居，刘邦竟然大度地释放了他。

郦食其和蒯通的投机失败，也有时机不对的原因。天下危，注重将；天下安，注重相。战乱的时候，将领才是王者的最爱。所以这些嘴皮子想要得到印把子，必须通过枪杆子这条路。但是这条路又处处潜伏着危险，稍有不慎就可能粉身碎骨。

另一方面，天下平定后，以前的宠儿韩信、彭越、英布等武将反而成了皇权的巨大威胁，皇帝必须处之而后快。此时文士反倒成了皇帝的得力助手。

这个道理刘邦一开始并不明白，所以当他的谋士陆贾一天到晚跟他讲诗书礼仪的时候，他大怒："你爷爷我马上得天下，要你那些诗书干什么？"

陆贾回答："马上得天下，还能马上治理天下吗？秦朝不就是前车之鉴吗？"

刘邦的一个优点是认错很快，他马上对陆贾另眼相看，还要他著书立说，把前代的兴衰用文字记载下来，提供借鉴。

也正因为此，儒生叔孙通才得以大显身手。

叔孙通在秦代就因为博学而被征为待诏博士。陈胜起义的时候，秦二世召集朝廷的诸生商议，很多人都说：

"这些反贼实在猖狂！请陛下发兵剿灭他们！"

秦二世听着听着脸色就开始难看了，只有叔孙通一个人上前说：

"大家说得都不对，现在天下合为一家，兵器都被销毁，而且英明的皇帝在上，法令宣布于下，哪里有敢造反的！这些只是鸡鸣狗盗之徒，没有什么值得担心的！叫地方官把他们抓起来治罪就可以了。"

秦二世高兴得直说好，然后继续询问那些儒生。儒生们有的说是造反，有的说是为盗，二世把说造反的人全部扔进监狱，说为盗的全部免官，而特意赏赐了叔孙通，拜为博士。

叔孙通出宫，回到宿舍，同学们都责备他：

"你今天说的话太阿谀了吧？"

叔孙通抹着额头上的汗，惊魂未定地说：

"兄弟你不知道啊，我今天差点难逃虎口啊！"

说罢，就卷起行李逃走了。

秦灭亡以后，叔孙通追随刘邦，因为知道刘邦讨厌儒生，叔孙通就不穿儒服，而是穿着楚地的短装，以取得刘邦的好感。跟着叔孙通一起降汉的有一百多个儒生，但是叔孙通成天就是给刘邦讲些豪猾大侠之类的事情，还向刘邦推荐了一些旧日的强盗土匪，而根本不向刘邦推荐这些饱学之士，大家都很气愤。叔孙通说：

"现在楚汉相争，汉王正冒着枪林箭雨打天下，你们能去打仗吗？所以我现在只有先给他推荐那些能够冲锋陷阵、斩将拔旗的勇士。你们要耐心等待，我不会忘记你们的。"

汉高祖五年，刘邦在定陶被尊为皇帝。一开始，这皇帝当得很不舒服：跟着刘邦一起打天下的那群功臣们大多出身低微，没有什么教养，天下初定，又忙着争功。众大臣在朝堂上大呼小叫，拔剑击柱，除了没有随地大小便之外，几乎什么都做过了。皇帝十分懊恼却又无计可施。这时候叔孙通知道机会来了，他对刘邦说：

"儒生不能用来打天下，但适合用来守天下，请让我去征召鲁国的儒生，跟我的弟子们一起为陛下制定朝廷礼仪。"

刘邦很清楚自己文化水平不高：

"礼仪会不会太难啊？"

叔孙通回答：

"三代不同礼，礼仪是根据现实情况变化的，我愿意略用古代礼节与秦朝的礼仪糅合起来制定新礼仪。"

刘邦说："可以试着办一下，但要让它容易通晓，考虑我能够做得到的。"

于是，叔孙通就到鲁国去征召了三十多名儒生一起制定朝仪。有两个人不愿意去，说：

"现在天下未定，你就想制定礼仪，礼乐是积德百年之后才能做的，你的做法不符合古法。要去你去，不要玷污了我们！"

叔孙通笑着说：

"你们真是腐儒啊！不知道时代的变化！"

叔孙通带着三十多人回到长安，找了个地方演练他制定的礼仪。一个多月之后，叔孙通请皇帝来观看。皇帝看了之后说：

"这个我能做到。"

于是，刘邦下令群臣学习新制定的朝仪。

汉高祖七年，刘邦下令，在新建成的长乐宫，按照新制定的朝仪上朝。朝廷禁卫森严，大臣按照文武两班排列，皇帝乘辇而出，卫士沿途开道，大臣山呼万岁。从官上酒，按照礼仪依次向皇帝祝寿，有不合规矩的，马上就有人过来把他拖将下去打屁股。群臣战战兢兢，无人敢喧哗。刘邦惬意之极，说：

"我今天才知道当皇帝的尊贵啊！"

于是，拜叔孙通为太常，赐金五百斤。叔孙通趁机说：

"一直跟随我的一百多个儒生，是和我一起制定礼仪的，希望皇帝也给他们官做。"刘邦听后，全部拜他们为郎。这些儒生这时候才喜出望外地说：

"您真是圣人啊！知道时事之变。"

其实，不管是叔孙通还是郦食其或者蒯通，他们都是中国式知识分子的典型，也就是"学而优则仕"的早期版本。"学而优则仕"的精装版本是"经世致用"。所有的学问其评价标准只有一个：有用还是没用。而这里的"用"，更准确点讲，就是能否被帝王采用。客观地说，中国早期并不是没有出现过比较纯粹的学术，比如老庄的道家哲学，公孙龙的白马非马、坚白之论，等等。但是纯粹的学术要么是太深奥，"刘项原来不读书"，整这么深奥，皇帝都不懂当然是很丢面子的事；要么是皇帝无法用——如果大家都像庄子一样，宁愿当烂泥塘里拖着尾巴爬行的乌龟，也不愿被黄绸缎包着供在祭坛上，那做皇帝还有什么乐趣？所以这一类的知识分子逐渐被边缘化，直至被淘汰。最后剩下的，就是郦食其、蒯通、叔孙通一类中国式的读书人了。

这种读书人内心里从没存在过对真理如饥似渴的追求，也没有对学术精益求精的动力。学问在他们眼里不过是一个桥梁，最终通往的是权力。只不过在战争年代，这张嘴皮子通往印把子的路会多绕一个弯——先通过献媚枪杆子而得以一窥尊贵的面貌；而在和平年代，这条路就省事多了。"朝为田舍郎，暮登天子床"也不是没有可能。而郦食其、叔孙通等人崇尚的儒学，无非是为了安人、制礼，也就是为了厘定秩序，稳固统治。汉初承秦之弊，百废待兴，制定礼仪是当务之急，也是儒生最能体现自己才能的时机，这也是叔孙通得到重用的最大原因。

后来，汉代的统治者尝到了甜头，到汉武帝的时候干脆"罢黜百家，独尊儒术"，从学术上来说，这不是中国之幸，恰恰是中国之悲。从此以后，"致君尧舜上"更是成了读书人唯一的追求，而对纯粹学术的探索，在中国基本停止。隋唐之后，统治者更是通过科举完全捏住了读书人的命根子，对真理与学术的追求被庸俗化成"书中自有黄金屋，书中自有颜如玉"。自此以后，中国知识分子的臣妾人格逐渐烙进他们的血液和灵魂，直到今天，仍阴魂不散。

没能熬出头的大师

作为中国纪传体史书乃至整个正史系统的开山鼻祖,司马迁其实是一个很有想象力的历史学家。这种想象力,通过他对传主的安排就可以看出来。例如,将孙武与吴起一起列传突出其深通兵法;将老子和韩非子一起列传突出其哲学建树;将樗里子和甘茂一起列传突出其智慧过人;而将廉颇和蔺相如一起列传表现其忠勇为国……但是,最富有想象力的并列,莫过于将屈原和贾谊一起列传了。

屈原和贾谊,一个是楚国贵族,一个是汉代官员;一个贵为三闾大夫,曾起草楚国宪令,一个是西汉的太中大夫,曾向皇帝进献无数定国安邦之策。屈原死后七十八年,贾谊才出生,应该说,两个人是没有什么直接关系的,但是,司马迁却将两人并列,作《屈原贾生列传》,不仅表现了史迁对贾谊才华的高度认同,也说明,在司马迁眼里,他们的命运是有着某些共同点的。

还有一点值得注意的是,司马迁的这篇传记对两个人的称呼都不是正常对传主的称呼,而是用的敬称。屈原名平,字原,古人称字是对对方恭敬的表示;而司马迁称贾谊竟然直接称为"贾生",仿佛他就是自己邻家的小哥,对其偏爱可见一斑。

贾谊是洛阳人,年少即以博学而闻名郡中。河南太守吴公被提拔为廷尉时,向汉文帝推荐了贾谊。于是,文帝招贾谊为博士。

汉代的博士就是向皇帝提供国事咨询的,当时贾谊才二十出头,是最年轻的博士。每次皇帝要求大家商讨国家大事时,各位老先生还没说话,贾谊总是第一个发言，弄得老先生们只好在他说完之后尴尬地笑笑，说："小贾的观点就是我想说的啊！"并且大度地表示出对他才华的欣赏。汉文帝也十分欣赏贾谊，于是一年之内就破格提拔他为太中大夫。获得皇帝赏识的贾谊更是意气风发，积极参与朝廷大事，也越来越得到皇帝的信任。汉文帝打算再提拔贾谊，让他担任公卿之职。但是，皇帝的建议却遭到了前所未有的阻挠。

钱钟书先生曾说，三十多岁的女人，对十七八岁的少女还不吝惜溢美之词，但是对二十七八的少妇就十分挑剔了。究其原因，无外乎十七八岁的少女跟自己距离尚远，还可优容，但是少妇跟自己就太近了，其存在已经直接威胁到自己的切身利益。贾谊的处境也与此类似。当贾谊在洛阳当神童的时候，大家尽可以高高在上地表扬他、鼓励他。但是，现在他已经不是以前的那个乡下小子了，甚至朝廷的老博士们他都不放在眼里。于是，很多人有了强烈的危机感。周勃、灌婴、张相如、冯敬等一帮老臣纷纷上书说："贾谊这个洛阳的小子学问不高，却专想擅权，混乱朝纲。"

周勃、灌婴等人是诛杀诸吕，一手把文帝扶上皇帝宝座的大功臣，居功至伟。文帝明知道他们是嫉妒，也无可奈何，只好断了提拔贾谊的念头，同时鉴于当时的情况，贾谊也无法在京城再待下去。于是，文帝让他离开长安，去当长沙王的老师，实际上也就是把贾谊撵出了政治核心。

在贾谊担任长沙王太傅后一年多，汉文帝有一次十分思念贾谊，就征召他到朝廷，在宣室召见贾谊。史书说，当时皇帝正在接受神的降福保佑，有感于鬼神之事，就向贾谊询问鬼神的本原。贾谊也就乘机周详地讲述了所以会有鬼神之事的种种情形。到半夜时分，文帝听得很入神，多次把自己坐的席子往前移，还说：

"很久没有见到贾生了，我都以为我超过他了，现在见到才知道自己还是不如他啊！"

一千年后，唐代的诗人李商隐以此事为题材，写了著名的《贾生》一诗：

宣室求贤访逐臣，

贾生才调更无伦。

可怜夜半虚前席，

不问苍生问鬼神。

李商隐诗中的愤懑是显而易见的：贾谊乃治国之大才，皇帝召见他，竟然只是询问一些鬼神之类无聊的事情，皇帝未免也太八卦了一些！此后，很多论者也跟着李商隐一起愤懑，不把汉文帝说成是一个糊涂的昏君决不罢休。但是，事实也许并非如此。

汉文帝对贾谊的才能应该是十分清楚的，贾谊在当太中大夫时，文帝就让他参与一些重要法令的制订和修改。文帝时期著名的让列侯回封地的政策，就是源自贾谊的建议。这个建议让一帮老臣既胆战心惊又切齿痛恨，因为离开京城就意味着离开皇帝，也就失去了对朝政的影响力，甚至自己的人身安全都会受到威胁。因此，大将周勃被迫回封地后，每次听说朝廷有使者来了，就怀疑是不是要来杀自己的，必须令家人手执兵器，自己全副武装好了才敢见使者。即使是这样，他都没能免去牢狱之灾，还差点丢了脑袋。因此，对事件的始作俑者贾谊，他们怎能不切齿痛恨？不仅如此，贾谊在著名的《治安策》里，甚至明确提出如何对付当时势力过于强大的诸侯国的对策——让诸侯国君的子孙都有权力继承国土。这样，一代国君之后，国家就会分为若干小国，再往下分，国家越多，土地越少，实力越弱，再也无法跟中央抗衡。这种办法既逐渐削弱了诸侯国的势力，又使数量占绝大多数的国君的少子们从此得到了分封土地的权力，避免了矛盾的激化。如果汉文帝采纳了贾谊的建议，也许，汉景帝时期的七国之乱就不会爆发。多年之后，丞相主父偃向汉武帝提出了颁布"推恩令"的建议，"推恩令"的实施，对汉代的国家安全有着极其重要的意义，因为它有效地削弱了诸侯国的势力，使国家走向安定。而"推恩令"的核心思想和操作程序，全部出自当时年仅二十余岁的贾谊，主父偃只不过作了一个成功的盗版而已。王夫之就曾指出："分藩国，推恩封，王之子弟为列侯，决于主父偃，而始于贾谊（《读通鉴论》卷三）。"

所以，欲将贾谊诛之而后快的不仅有周勃等老臣，可能还有吴王、楚王等一帮诸侯王。贾谊的命运，可谓"岌岌乎可危"。

这也可以看出，贾谊不仅是一个天才的文学家（作为汉代最著名的辞赋家之一，他的《过秦论》直到现在都是高中语文课本中的一篇重要课文），更是一个天才的政治家。他具备了文人独有的敏锐，政治家必备的远见，其前途本是无可限量的，但是，他缺少了一件重要的东西——年龄，或者说凭借年龄而享有的资历。

中国是一个讲资历的国度，虽然很多决策者都提倡唯才是举，但是，对才能的完全认可无异于对资历的变相否定，而有资历的人往往也是重权在握的人，作为既得利益者，他们决不允许别人染指自己的禁脔。因此，到底是举才还是举资历，这种争论在历史上一直没有停息过。唐代为了照顾老革命们的情绪，就推出过"循资格"，就是不管贤愚，提拔人才都以白胡子的数量为标准；北魏的"停年格"亦与此类似，也是凭年限来确定官吏的优劣。而贾谊以一个新进后学的身份，竟无视这种潜规则，不是老老实实一步一个脚印从基层干起，而是妄图坐直升机，想凌驾于各位老博士乃至朝廷公卿之上，遭到大臣们的集体反对甚至痛恨，也是必然的。而汉文帝也未必就不了解贾谊的才华，否则他不会如此重用他，即使在宣室夜谈而不谈国事，我看到的也不是文帝的昏庸，恰恰是他的精明：此时与手无权力而且向来遭人忌恨的贾谊谈国事，无疑是变相置他于死地——那帮刚刚对贾谊"放心"了的重臣必然会再次群起而攻之，那时候，贾谊的结局就不仅仅是当某个王爷的老师那样简单了。

甚至我还不妄揣测，汉文帝将贾谊逐出京城，也许跟唐玄宗被迫将姚崇逐出京城一样，表面上是贬斥他，其实是在保护他。

公元 8 世纪，韦皇后和女儿安乐公主毒死中宗李显，想独揽大权。此时李隆基发动政变，杀死了韦后和安乐公主，拥立李旦即位，是为睿宗。

睿宗即位后，武则天的女儿太平公主的权力依然很大，而且她想仿效母亲，成为第二个女皇。当时任宰相还不到一年的姚崇，建议把太平公主送到洛阳安置，让她离开权力核心，其实也就是变相废黜了公主。他还建议将诸王派往各州，扫清李隆基即皇帝位的障碍。结果懦弱无主见的李旦竟将此事告诉了太平公主。太平公主得知后大怒。为了保护姚崇，李隆基以退为进，以"离间兄妹"（太平公主是睿宗的妹妹）的罪名把姚崇贬出京城去当地方官。

开元元年（713年），唐玄宗李隆基即位，消灭了太平公主的党羽，马上召姚崇进京，并在打猎的时候听取了姚崇的建议，同意了他关于改革朝政的十条建议（即"十事要说"），并再次任命他为宰相，这就是著名的"唐玄宗走马任姚崇"。之后，唐玄宗和姚崇齐心协力，打造了"开元盛世"的宏伟盛景。

这事与汉文帝驱逐贾谊其实很相似。不能排除这样的可能：因为贾谊的政见触怒了一帮老臣，而立足未稳的文帝还不完全具有保护贾谊的能力，只好暂且把他调离这是非之地，等到那些老臣们退休的退休，归天的归天，再把他召回来，一起干一番大事。

可惜，贾谊没能等到这一天。这与命运有关，也与他个人的性格有关，更与他的经历有关。

贾谊是年少得志的典型，也可算是政治上早慧的典型。但是早慧有时候也意味着早衰，甚至早夭。

"初唐四杰"无一不是早慧的神童。骆宾王七岁做《咏鹅》诗，王勃九岁写学术专著《〈汉书〉指瑕》，卢照邻十多岁任邓王府典签，杨炯十岁应神童考试登第。但是过早的成功使他们跳过了体验人生艰难这个阶段，也使他们在应对后来的一些挫折时少了韧性，多了轻率。所以，后来王勃屡闯大祸，二十七岁就溺水而死；骆宾王死于乱军；而卢照邻因病半身不遂，最后忍受不了病痛折磨投水自杀。四人中只有杨炯得终天年，不过仕途也很困顿，只当到县令这样的小官。

中国的家长总是希望孩子赢在起跑线上，但是却不知道，人生的道路很长，有时候起跑线上的胜利并不能给孩子带来一生的幸福，反而可能成为他此后人生无法卸去的包袱。

年少得志最大的一个后遗症就是一遇到挫折就陷入沉郁，甚至一蹶不振。

贾谊被贬到长沙时，渡过湘水。这里是屈原的故乡，也是屈原自沉之处。此时年纪还很轻的贾谊似乎跟怀才不遇的屈原取得了共鸣，他写了一首《吊屈原赋》。这篇赋作语言很像《离骚》，无非是在抱怨朝政不清，小人得志，忠臣被逐。贾谊说，今天的朝政，镆铘宝剑被认为是钝刀，而真正的钝刀却被捧为宝剑（镆铘为钝兮，铅刀为铦），圣贤的大臣被驱逐，而朝政的正义已经被颠倒（圣贤逆曳兮，方正倒植），才二十多岁的贾谊竟然发出了不想再活下去的哀叹（于嗟默默，生之亡故兮）。

贾谊在长沙三年后，有一天，他的房子飞进来一只鹏鸟。

鹏鸟长得很像猫头鹰，被认为是一种不祥的鸟。贾谊看到它飞进自己的屋舍，心想也许是自己将不久于人世，就写了一篇《鹏鸟赋》。

在这篇赋中，贾谊借自己与鹏鸟的对话，引用了很多老庄的观点，认为人生无常，运不可期，也安慰自己人生应该无欲无求，恬然自安。但是他的一些文字里却依然透出深深的忧愤。他说，"且夫天地为炉，造化为工；阴阳为炭，万物为铜"。这个故事源自《庄子·大宗师》，有个铜匠在炼铜汁。突然有股铜汁跳起来说我要成为干将、莫邪那样的宝剑。铜匠因此认为这股铜汁中邪了，是不祥之物，应该弃去不用。今天的社会也是这样。万物都在炉中熔炼，突然有什么跳出来说，我是人！我是人！天地也会认为他中了邪，一定会弃去不用。这其实就是屈原"举世皆浊我独清，众人皆醉我独醒"的另一个版本。虽然他在文末说"德人无累，知命不忧"，不过这看上去更像他的自我安慰，不过是在全面的低沉中勉强给自己打气罢了。

这应该是贾谊人生最大的低谷。换而言之，如果他能熬过这最艰难的一段，他的前景应该是不可限量的。

可惜，他还是没能熬出来。

贾谊后来又被任为梁王刘胜的太傅。梁王一次骑马的时候从马上摔下来死了。作为老师的贾谊认为自己没有尽到师傅之责，常常自责哭泣。一年后，郁郁而死。按照《史记·日者列传》的记载，贾谊最后是绝食自杀的：

> 而贾谊为梁怀王傅，王堕马薨，谊不食，毒恨而死。

　　刘向评论贾谊说，贾谊的才能，即便是古代的伊尹、管仲都无法超越。如果他能够被重用，必定能建立伟大的功业。但是他被一些庸碌的大臣所害，太让人痛心哀悼（虽古之伊、管未能远过也。使时见用，功化必盛。为庸臣所害，甚可悼痛——《汉书·贾谊传赞》）。

　　赞美也好，悼痛也好，都无法改变一个残酷的事实——一代才子，就此凋零。

　　贾谊从十八岁成名，到三十三岁去世，仅仅在西汉的政坛上停留了十五年，而十五年，对于政治来说，实在是一个与瞬间无异的时间，太短太短。

　　很多斗争，往往不是正义与邪恶的斗争，只是时间的斗争。谁活得更长，谁就拥有了主动权，也就更有可能成为最后的胜利者。所以，有些大师其实是熬出来的。遗憾的是，贾谊并不是这种熬出头了的大师。所以，我也在想，在中国的历史上，还有多少像贾谊这样，没能熬出头的大师呢？又有多少大师，其"成功"的"秘诀"，其实只不过是一个"熬"字呢？

李陵日记

一

我匍匐在武台宫的台阶下,头深深地埋着。按照礼法,臣子不能直接看着台阶上的那个人。因为这样叫"大不敬",是要灭族的。我们只能叫"陛下","陛"就是台阶,"陛下"的意思就是我们的话应该通过台阶下的侍卫来转达给他。所以,我一直不知道,那个人到底长什么样。

"你家已经三代为将了吧?"

我听见台阶上的那个人在问我。

"是的,陛下。臣的祖父李广曾跟随大将军出击匈奴;臣的父亲李当户曾经是陛下的侍卫;臣的二叔李椒曾任代郡太守,防御匈奴;臣的三叔李敢曾担任郎中令。"

我回答。

"哦,你的父亲和二叔都死得太早啊!"

"是的,陛下,他们都战死了,在我祖父之前。"

"是的,你的三叔,朕很喜欢,可惜,他打猎的时候,被雄鹿撞死了。"

我感觉我的拳头握紧了,指甲已经嵌进了肉里。因为谁都知道,我三叔李敢是被皇帝的红人霍去病射杀的。我突然想,二十年前,我的祖父李广是不是也和我现在一样,匍匐在宫殿的台阶下,听着这个人的诏令,那是祖父最后一次出征。后来我听说,大将军卫青在皇帝的授意下,让我祖父改变行军路线，绕道攻击匈奴，因为皇帝说祖父命不好，不能担当大任。后来，祖父的军队迷了路，没能按时赶到会合地点，大将军派人谴责他。最终，他在大将军的幕府里自刎了。我的三叔李敢对此事一直耿耿于怀，一天，他前去行刺大将军，没有成功。后来，他和群臣一起跟着皇帝去甘泉宫打猎，霍去病向我三叔放冷箭，杀了他。可皇帝包庇霍去病，对外说，三叔是被雄鹿撞死的。

"朕要你率领本部人马，跟随贰师将军李广利出击匈奴，你的任务，就是负责为贰师将军运送粮草。"

我的头埋得更深了，不仅由于愤怒，也由于屈辱。贰师将军李广利是皇帝新近宠妃李夫人的哥哥，靠着裙带关系爬上来，皇帝命他担当大任，无非是想给他机会建立功勋，好升他的官罢了。我感到我的声音在颤抖：

"启奏陛下，臣的手下，都是身怀绝技的精兵，战技纯熟，臣希望能够让臣的部队独当一面，剿灭单于！不要让我的部队只是作为后勤部队，隶属于李将军。"

"做将军的难道就以隶属于别人为耻吗？"我听到台阶上的那个声音提高了声调，我把头埋得更低了。

"那好，朕让你独当一面！但是朕要告诉你，朕这次发兵太多，只能给你你的本部人马，不能给你派遣骑兵。"

我感觉我的血液涌上了脑袋，也许，此时我的脸已经通红，任何人都知道，在大漠作战，没有骑兵，要与擅长骑射的匈奴人作战，无异于自寻死路，而我的手下全是步兵。我抬起头，台阶很高，台阶顶端离我很远，我看不清顶端坐着的那个人，一大群宫女和太监簇拥着他，我只能看见一个模糊的影子。我一字一顿地说：

"臣不用骑兵！臣愿意以少击众，就带着臣的五千步兵，扫荡单于王庭！"

宫殿上的众臣发出一阵嗡嗡的喧哗，像一群苍蝇围着一块腐肉，在兴高采烈地舞蹈歌唱。我知道，他们也许以为我疯了，居然只率领区区五千步兵去与剽悍勇猛的匈奴铁骑对垒。这时，我感觉，我的祖父，我的父亲，我的二叔、三叔，正在我头顶的天空注视着我。

"好！"过了半天，我听见台阶上传来那个人的声音，"为将就当如此啊！强弩都尉路博德！"

"臣在！"

一个人从我身后的队列中走出，跪在我身边。

"朕命你率领大部队，在半道接应李陵将军！"

"臣遵旨！"

我长出了一口气。

二

部队从居延出发，已经三十天了，今天到了浚稽山。一路上，我派人详细画下了沿途的山川地形，并派遣手下骑士陈步乐返回朝廷，报告皇帝。回来的使节说，陈步乐告诉皇帝，李陵上下齐心协力，士兵们斗志昂扬。皇帝十分高兴，还拜陈步乐为郎中。我心里松了口气，看来开局还不错，希望这次出兵，能建立功勋，光宗耀祖。我的先祖李信，是秦朝的将军，曾经带兵灭亡了燕国，并亲手抓住了派遣荆轲刺杀秦王的燕太子丹。我的祖父，是赫赫有名的"飞将军"李广，虽然他一生坎坷，没能建立大功，但是他是帝国最伟大的将军之一，这是没人能够否认的。我的父亲、二叔、三叔都是名将，而到我这里，现在也只不过是个骑都尉。出征前，我对老母说：

"儿明白自己身上的重任，家族的荣誉，就维系在我的身上，孩儿不会让母亲失望的。"

我站在营门口，大漠的天很蓝，草很绿，微风习习，似乎一切都是那样宁静，那样安详。但我知道，这只是大战前的宁静。就在刚才，我派出的侦察骑兵回来报告，前方发现匈奴大军，匈奴没有步兵，所以我只询问了对方大概的兵力，侦察骑兵掩饰不住内心的恐慌，回答说：

"启禀将军，敌人大概有三万人。"

三

我们被包围了。

匈奴人也许根本没有把我们这支小小的部队放在眼里。我把部队收缩到两山之间，用辎重大车搭建防御工事，严阵以待。可是敌人却满不在乎地一直前进到我们营寨之前，才漫不经心地搭建工事。我骑上马，对着将士们说：

"将士们！杀敌立功的机会到了！皇帝已经命令强弩将军路博德带领大军赶来，只要我们击垮这股敌人，就能取得最后的胜利！"

听了我的话，原本有些害怕敌人众多的士兵脸上露出了我习惯看到的视死如归的神情。我命令士兵冲出营寨，排好阵势，前排的拿着长戟和盾牌，后排的士兵手执弓弩。敌人根本不在意我们的进攻，还在漫不经心地修筑工事，肆无忌惮地嘲笑我们。当敌人刚到射程以内的时候，我命令军侯："击鼓！"

鼓声震天，后排士兵千弩齐发，羽箭在大漠的天空划过一道道致命的曲线，落在敌人的营寨中。霎时间，敌人倒地无数。鼓声再起，五千士兵如猛虎下山，直冲敌营，敌人猝不及防，阵脚大乱。士兵们踩着敌人的尸体向前攻击，敌人撤到了山顶上。

收兵回营，我询问打扫战场的部下，今天战果如何，部下回答，我们这一仗歼灭了几千敌兵！巡视营寨的时候，士兵们虽然疲惫，但是一个个兴高采烈。有的说，匈奴人也不过如此，有的说，强弩将军不来最好，这样我们就可以独得功劳了。我的脸上挂着微笑，抚慰着受伤的士兵，鼓励着作战勇猛的士兵，但是我的心里却有些没底：出兵已经三十多天了，路博德为什么还没有消息？

四

被围已经十多天了，敌人从第一仗吃了亏之后，就再也不敢小看我军。据抓来的俘虏说，敌人第二天就重新调集了八万骑兵围攻我军。我的副手，成安侯韩延年听到之后，脸色都变了："八万骑兵？加上原来的三万人，敌人岂不有十余万众？"

我回头看了他一眼：

"为何惊慌！强弩将军马上就带领大队人马赶到！这正是我们建功立业之时！"

"可是，将军，我军士兵连日作战，受伤的已经很多了。"

"传令下去：身受三处伤的，可以坐在车上作战；身受两处伤的驾车；身受一处伤的，拿起兵器作战！"

韩延年领命出帐。我看着他的背影消失在帐外。韩延年的父亲是韩千秋，曾经是济南国的相，在对南越作战中死去。皇帝封韩延年为侯，爵位比我还高，皇帝叫他跟着我，无非也是给他立功的机会罢了。

敌人越来越多，我军只有且战且退。前天，我们退到了山谷中，敌人的骑兵如乌云一样压过来，我军依托地形奋力抵抗，杀敌三千余人。昨天，我们被围困在沼泽地的芦苇丛中，敌人从上风向放火，企图烧死我们，我命令士兵也在周围点火，隔断了火势，才逃出一劫。今天，我们撤退到山下树林中，单于在南山上，命令他的儿子率领骑兵攻击我军，我军在树林中与敌人作战，敌人的骑兵无法发挥其优势，又被我军歼灭数千人，我军射出的连弩还差点射中单于。

听捉来的俘虏说，单于率十多万人，无法消灭我们区区五千步兵，已经丧失了斗志，说我们可能是汉军的诱饵，想命令撤军。但是他手下的匈奴贵族说如果撤兵，单于将颜面扫地，建议再打两天，如果还不能战胜，就撤兵。我想，如果我们能再坚持两天，我们就有救了。

可是，路博德的救兵到底在哪里呢？

五

我的军侯管敢投降敌军了。

这几天，每天都和匈奴人交战十余次，虽然我军伤亡很大，但是敌人也占不了便宜。据说，单于已经打算撤兵了。可是，昨天军侯管敢因为一点小事和校尉发生冲突，晚上就跑到敌人那里去，告诉单于，我军没有任何救兵，我和成安侯韩延年各自带领八百没有受伤的士兵与匈奴作战，这个叛徒甚至还说出了我们用以联络的旗号，给单于出主意说，射死传令兵，我军就会大乱。

从今天早上开始，敌人明显加强了攻势，匈奴人在四面山上高喊："李陵，韩延年，你们还不快点投降！"

交战这么久，我们杀死敌兵上万人，我军战死一千多人，受伤两千多人，一天之内，我们最后的五十万支箭也射光了，弓箭手只能拉着没有箭的弓，聊以吓唬敌人；士兵的长戟都折断了，连腰刀都砍钝了，没有兵器的士兵，砍下辎重车的车轮辐当武器，反正，现在也没有任何辎重了；所有预备队都已经投入战斗，连幕府的文职官员也上了战场，没有武器，他们只好用削竹简的小刀当武器。我军被困在山谷中，敌人从山上推下巨石，我们死伤惨重。

夜晚，我巡视营寨，满眼是士兵的创伤和鲜血，满耳是受伤士兵的哀号。我看见一个老兵，怀里抱着一个垂死的士兵，正在梦呓似的说：

"强弩将军路博德马上就会来救咱们了。李将军说，皇帝当着他的面下的旨意，我们很快就有救了。"

那个垂死的士兵嘴角似乎露出了一丝笑意，但是他的目光逐渐失去了光彩，然后眼睛永远地合上了。我不知道是否该告诉士兵们真相，或者说我自己根本不知道真相是什么。强弩将军路博德以及他的援军已经成为一个遥远的梦，或者说，已经蜕变成一个没有任何意义的符号。

跟在我身后的军吏小声对我说：

"将军，您还是换上便服，逃吧！赵破奴将军也曾经被敌人俘虏，后来逃跑回来，皇帝还是对他很好，何况将军您呢？"

我抬起头，看着满天的繁星，还有那片深蓝的天空，那蓝色深得像武台宫的那个高高的台阶，让人看不到底。

我觉得我似乎是在自言自语：

"皇帝当着我的面下诏，命令强弩将军路博德接应我军。也许，他明天就到了。"

士兵们神色黯然，将军旗斩断，免得落到敌人手中。还有一些士兵把军中的一些财物埋到地里。我长叹一声：

"现在如果还有几十支箭，我们就能脱身了。现在几乎没有能够打仗的士兵，明早起来，我们只能坐以待毙！"

我命令士兵带上干粮，击鼓为号，分散突围。

半夜时分，我叫士兵起来，击鼓突围，但是鼓声没有响起，大概是击鼓的士兵也战死了。我和韩延年上马，只有不多的士兵跟随在我们后面。

天亮了，我们杀出了敌人的包围，士卒已经损失殆尽，敌人派出数千骑兵追杀我们，韩延年对着剩下的士兵大呼："大家坚持住！强弩将军路博德……"

他的喊声戛然而止，我回头一看，韩延年已经倒在马下，四五支狼牙箭钉在他的身上，他的眼睛还大睁着，头朝着南方，那是他心目中援兵到来的方向。

我回过头，向着南方，这里，离大军驻扎地只有百里，骑兵一天就能赶到，可是，天子承诺的救兵，到底在哪里？

身边的士兵一个个倒下，韩延年的死，已经断绝了我回汉朝最后的一点希望。我知道，我已经无颜面对皇帝，面对五千死去将士的亲属。我黯然摘下头盔，下马……

六

投降匈奴已经十多年了。听说,天子刚听到我投降的消息时,十分愤怒,责问陈步乐,陈步乐无言以对,只好自杀。还听说,皇帝询问群臣,这些出兵时山呼万岁的大臣们都一副义愤填膺的样子,说我投降匈奴,罪大恶极,应该灭族。只有太史令司马迁为我说了几句好话,结果被皇帝扔进蚕室,处以腐刑。

我投降一年之后,有汉朝使节回报说我在帮单于练兵,要对付汉朝。皇帝大怒,下令诛杀了我的全家。其实,帮助单于练兵的不是我,而是以前投降单于的汉朝都尉陈绪。于是,我派人杀了陈绪,算是为我全家报仇。陈绪是单于母亲大阏氏的红人,我杀了陈绪,她十分震怒,想派人杀我。单于把我藏到北方,直到阏氏死后,才让我回来。

单于十分看重我,把女儿嫁给我,拜我为右校王,可是,我还是经常对着南方,呆呆地看。亲近的手下以为我在怀念故国,其实,我自己也不知道自己在看什么。

今天,汉朝有使节来了,来人是我陇西时候的好友任立政,我和丁零王卫律接待汉使者。席间,任立政老是盯着我使眼色,不住地抚摩他佩刀的环,我知道,他是在暗示我"还"。一会儿,他又摸自己的脚,我知道,他是暗示我回到故土。但是,我一直没有说话。

看到我没有反应,任立政故意大声说:

"现在朝廷已经宣布大赦,国人安居乐业,新登基的皇帝年轻力壮,锐意进取,霍光和上官桀执掌朝廷大权了。"

我摸着自己的头,我头顶周围的头发已经剃光,只在头顶留着一条滑稽的辫子,我慢慢地说:

"我已经穿上胡人的服装了。"

过一会,卫律起身上厕所,任立政说:

"少卿，你辛苦了！大将军霍光和丞相上官桀让我问候你，请你回到故国，富贵荣华是不用担心的。"

我看着老友，声音已经哽咽："少公！回去，很容易啊！可是，我怎么能再次受辱呢？"

话还没说完，卫律进来了，他肯定听到了我们的话，他坐下，说：

"李陵将军是贤者，不是只能居住在一个国家的。从前范蠡遍游天下，由余离开戎，到越国为官，现在提到他们，谁又说他们不是英雄呢！"

宴席散了，任立政和我一起走出大帐，他还在我耳边小声说："将军想回去吗？"

我仰起头，看着湛蓝的天空，白云悠悠，阳光明亮，很是刺眼，所以我的眼睛湿润了。我想，我不是在哭：

"大丈夫，还能第二次受辱吗？"

异化成甲虫或野兽

刘邦建立汉朝之初，一个严峻的问题就摆在了他面前：新的朝代，到底应该采用西周的分封制，还是秦朝的郡县制？其实，别说是刘邦，这个问题在漫长的封建社会里，一直都有人提起。秦朝的时候，就有一帮儒生在秦始皇耳朵边絮叨说分封制就是好，把皇帝惹火了，干脆把这些儒生活埋了了事。直到唐代，柳宗元还专门写了一篇《封建论》论述这个问题，说明这事到唐代都没有争论出个所以然来。而汉初比较流行的观点是：西周的分封制把天子的兄弟、儿子、分封到各地为诸侯，利用血缘关系加强了统治，有利于国家的长治久安。但是，郡县制也有其优势——利用行政手段加强了中央对地方的控制，避免了分封制容易形成的独立王国的局面。而西汉建立之初，曾经跟着刘邦一起打天下的一帮大臣都在眼巴巴地等着得好处，完全采用郡县制无疑会使他们失望，不利于安定团结。于是，刘邦采取了折中政策：即将一部分功臣和皇室成员分封到各地为诸侯，而其他的地方沿袭了秦始皇的郡县制，并且在后来杀白马盟誓，规定非刘氏不得封王。

中国人向来相信"血浓于水"，其实这话多少有些自欺欺人——自己和亲人血管里流的是血，难道别人血管里流的就是水不成？而且，在利益面前，血缘和友谊一样，都不是完全靠得住的。西周的分封制好，但是春秋五霸、战国七雄哪一个不是诸侯王势力加强，导致尾大不掉的呢？因此，在汉初，刘邦就相继剪灭了韩信、陈豨等诸侯王。但是，剩下的同姓诸侯，就成了国家安全的最大隐患。

这个问题刘邦没有完全解决，留给了汉文帝，汉文帝也没能解决，又留给了自己的儿子汉景帝。这时，一个注定要用自己的生命来改变历史的人——晁错，登上了历史舞台。

在汉景帝当太子的时候，晁错就是他的重要谋士，被称为"智囊"。那时候，晁错就多次上书汉文帝，主张削藩，即削弱诸侯王势力，增强中央集权。其实这个问题贾谊早就说过，而且还提出了具体的措施，但是削藩触动的是一个庞大的既得利益集团，要想施行谈何容易！所以贾谊召来了很多人的忌恨，皇帝只好把他赶出京城去作王爷的家庭教师，最后死在外地。因此，当晁错提出削藩的建议时，汉文帝没有采纳他的建议，但是还是比较赏识他的才干，提拔他当了中大夫，由此晁错也召来了很多王公大臣的忌恨。

文帝去世，景帝即位，晁错担任内史。作为太子的老臣，晁错受到了重用，皇帝对他言听计从，一时权倾天下，而厌恶他的大臣也越来越多，就连当时的丞相申屠嘉也恨不得能致其死地而后快。一次，晁错为了上班方便，就在官衙的墙上开了个门，谁知还挖了太庙的一部分墙，这在古代是大罪，于是申屠嘉上书皇帝要杀晁错。晁错知道之后连夜到皇帝那里求救，第二天上朝的时候，皇帝轻描淡写地就把这事给糊弄过去了，申屠嘉回来之后十分愤怒地说，要是我先斩后奏就不会有这事了。结果气得吐血而死，此后，晁错的权力就更大了。而最痛恨晁错的，其实还是曾担任御史大夫的袁盎。两个人势同水火，只要有晁错在的地方，袁盎绝对不去，两人根本不在一起说话。

袁盎，字丝，父亲是楚国人，以前他只是贵族家里的门客，后来他的哥哥袁哙当了官，就"内举不避亲"地举荐了自己的弟弟，当了郎中。

史载袁盎喜欢直谏。一次，丞相绛侯周勃散朝，神情自得。皇帝对他十分恭敬，目送他离去。袁盎进谏皇帝说：

"陛下觉得丞相是什么样的人？"

汉文帝回答：

"丞相是社稷臣。"

袁盎说：

"丞相只是所谓的功臣，不是什么社稷臣。如果是社稷臣，皇帝在臣就在，皇帝亡臣也亡。吕氏专权的时候周勃是太尉，掌管军权，但是却不能挽回局面。吕后死了之后再与大臣一起诛杀诸吕，碰巧成功。所以他只是功臣。而且丞相在陛下面前有骄傲的神色，陛下却对他十分谦让，臣下与主上都违背了礼节，我私下认为陛下不应该采取这种态度。"

后来上朝的时候，文帝对周勃就有些威严了，周勃知道事情的原委之后责备袁盎说："我跟你哥哥关系不错啊，你怎么背后说我的坏话！"

袁盎对此也不作任何解释。

后来，有人诬告周勃谋反，皇帝大怒，把他投进了监狱。当时众臣没有谁敢为周勃说话，只有袁盎力排众议，坚持说周勃无罪。最后周勃终于被释放，经过这件事，周勃开始明白袁盎有君子之风，于是开始跟袁盎结交。袁盎也名重朝野。

文帝有个宠幸的宦官叫赵谈（后人考证这人多半也是皇帝的男宠），一次文帝让赵谈跟自己乘坐一辆车，袁盎跪在车前劝谏说：

"臣听说能跟天子坐一辆车的，都是天下的豪杰之士，现在汉朝虽然缺乏人才，但是也不至于要和一个宦官同乘一辆车吧？"

皇帝大笑，让赵谈下车，赵谈也只好哭着下去。

皇帝喜欢游猎，袁盎也以安全为由劝阻，皇帝无可奈何，只好停止。甚至对皇帝的家事，袁盎也经常犯颜直谏。一次，文帝与皇后和他宠爱的慎夫人出游，在后宫的时候，皇后和慎夫人就经常坐在一起，出游的时候，她们也坐在一起，袁盎就想把慎夫人拉开。慎夫人大怒，不肯坐，皇帝也大怒，离开了座位。袁盎上前说：

"我听说尊卑有序则上下和洽，慎夫人是妾，怎么能与主人一起坐呢？陛下这样对待慎夫人，恰恰是害了她。陛下是否还记得高祖刘邦宠爱戚夫人，高祖死后，吕后斩断了戚夫人的手脚，把她扔到厕所里，变成'人彘'的事情？"

皇帝听了之后转怒为喜，也把袁盎的话转告给了慎夫人，慎夫人赐袁盎黄金五十斤。

但是袁盎也因为多次直谏弄得皇帝很不自在,于是被调出京城,担任陇西都尉。陇西靠近边境,战事频繁,袁盎爱护士卒,因此士兵争着出战,愿意为他而死。

晁错是一个刻薄严厉的人,袁盎跟他相反,喜欢结交朋友,而且为人宽厚。

袁盎因病在家休养的时候,乡里有一个叫剧孟的赌徒,名声很坏,袁盎却与他交往,有一个当地的社会名流觉得不可理解,袁盎回答说:

"剧孟的确是一个赌徒,但是他母亲死的时候,来为他母亲送葬的有一千多辆车,这就是他过人之处。朋友相交,遇到有事的时候,能不以父母为托词,不以自己不在为借口,全力帮忙的,就只有两个人,一个是季布的弟弟季心,一个就是剧孟。"

袁盎接着说:

"像阁下这样的人,经常带着手下招摇过市,一旦朋友有难,你能够帮忙吗?"

不仅如此,他把这位名流大骂了一顿,不再与他交往。

袁盎虽然宽厚,却总与晁错势同水火。

晁错被升为御史大夫,在皇帝的支持下,他正式提出了削藩的主张,此议一出,朝廷哗然,大臣在朝堂之上就指着晁错的鼻子骂他。消息传到诸侯国,以吴王刘濞为首的七个诸侯国起兵叛乱,他们提出的口号就是"诛晁错,清君侧",这一年,是公元前154年。

叛乱发生之后,景帝有些慌了手脚,他召来晁错商量对策。此时,袁盎刚刚因为被怀疑接受了吴王的财物而被免官,晁错趁机说:

"袁盎接受了吴王的财物,从前就替吴王说话,说他不会造反,可见他一直在包庇吴王,应该把他抓来处死。"

皇帝召来袁盎对质,袁盎要求屏退左右,连同晁错在内,晁错十分气愤,但是无计可施。左右退下之后，袁盎说：

"七国之所以造反，是因为痛恨晁错离间皇帝骨肉，所以他们打出的旗号都是'诛晁错，清君侧'。只要杀了晁错，七国自然会罢兵。"

景帝听了之后，便叫中尉陈嘉以皇帝的名义把晁错骗出家门，晁错以为是皇帝找自己有事，欣然上车，结果，还穿着朝服，就被腰斩在东市。

晁错死了之后，袁盎受命到吴国通报消息并劝说吴王罢兵。

袁盎当吴相的时候，曾经有一个手下与他的侍妾私通，袁盎知道这事之后，没有泄漏，还跟以前一样对待他。有人告诉这人说："袁盎已经知道你们的事情了。"

这个手下仓皇逃跑。袁盎知道之后亲自追上他，干脆把这个侍妾赐给了他，又提拔他担任从史。

袁盎到吴国劝说吴王罢兵。吴王不但不从，还要袁盎担任自己的将军，袁盎不肯，吴王就派兵守住袁盎的住所，想天明之后杀掉他。此时担任守卫袁盎任务的一个军官恰恰就是当年曾与袁盎侍妾私通的手下。他冒着生命危险，灌醉了其他士兵，放走了袁盎。

之后，谒者仆射邓公从前线回来汇报军事，景帝问他：

"晁错已经死了，吴楚罢兵了吗？"

邓公回答：

"吴楚计划造反已经有十多年了，晁错只不过是个他们的借口。杀了晁错，他们也不会罢兵的。晁错建议削藩，其实是为了帝国万世之业着想，现在刚刚拿出计划就被诛杀，对内封住了忠臣的口，对外替造反的诸侯报仇，我私下觉得陛下这样做是不可取的。"

景帝默然良久，说："你说得很对，我也感到十分遗憾。"

其实，在此之前，晁错的父亲就觉察到了形势的严峻，他来到京城，劝说晁错：

"皇帝刚刚即位，你一当权就离间皇室骨肉，你到底想要做什么？"

晁错说："我不这样做，天子就没有尊严，宗庙也不会安全。"

他父亲说："刘氏安全了，我们家却危险了，我不想看你这样下去了。"

他回到了家，服毒自尽了。临死前说：

"我不想看到大难落到我的身上！"

晁错父亲自杀后十余天，晁错被杀。

晁错穿着朝服被骗往东市处以死刑，这就是著名的"朝衣东市"的故事。透过这个故事，人们看到的是专制政权下，即便是朝廷高官也可能是朝不保夕。早上你还穿着朝服，昂昂乎庙堂之器也。说不定因为什么事情得罪了皇帝，连囚衣都没换上就掉了脑袋。据说朱元璋时代，官员上朝时都对家人交代好后事，因为他们不知道今天能不能活着回家。如果侥幸活着回来了，全家都会开心庆祝——又多活了一天。

晁错死得很冤，而袁盎的结局也好不到哪里去。

"七国之乱"平定之后，袁盎因病回家休养，但是皇帝还是经常派人向他询问国事。当时梁王想继承皇位，希望取得袁盎的支持，袁盎不愿意，招来了梁王的忌恨。因此，梁王派出刺客刺杀袁盎。刺客到了袁盎的乡里，向乡人询问袁盎是一个怎样的人，结果，所有的人都对袁盎赞不绝口。刺客就找到袁盎说：

"我接受了梁王的报酬来刺杀阁下，可我打听到你是一个好人，不愿杀你。但是梁王派出的刺客有十多组，希望您自己小心！"

之后，袁盎果然被后来的刺客刺杀。

晁错和袁盎是死对头，晁错为人刻薄寡恩，但他一心为国，当他的父亲提醒他建议削藩可能产生的严重后果时，他说："如果不削藩，国家就不会安定，天子也不会有尊严。"这话让我想到林则徐的名言："苟利国家生死以，岂因祸福避之趋。"可是，他被自己一心尊奉的天子出卖，景帝甚至不敢名正言顺地杀他，而是派人把他骗出来，连朝服都没有脱，就将他腰斩。与其说是正法，还不如说是暗杀。因此，他只是利益之争中的一个必然的牺牲品。袁盎为人正直宽厚，刚直敢谏，极有君子之风。但是，性格的好坏与他们的结局并无直接的联系，因为，在他们孤独的身影之后，有一个超越个人品质优劣的巨大的背景，这个背景使人远离了本来的价值评价体系。在此背景下，不再有好人和坏人，也不再有君子和小人，甚至不再有成功和失败，每个人，都是这个背景之下必然的牺牲品。这个背景，叫利益。

很多年前，看卡夫卡的《变形记》时，我觉得很费解：人怎么可能变成甲虫呢？后来，看蒲松龄的《聊斋志异》，才知道，人不仅会变成甲虫，还会变成豺狼、虎豹，各种野兽。徐克的《七剑》里，孙红雷扮演的匪首风火连城有一段独白我很喜欢，当他手下的士兵在屠杀武庄无辜的妇孺时，风火连城指着这些已经丧失人性的士兵对他的师爷说：

"这些曾经是小孩啊！可爱的小孩！可是，长大了，就变成了野兽，甚至，比野兽还不如。"

我们都曾经是天真无邪的小孩，我们都曾经简单得可爱地认为这个世界上的人只分为两种：好人和坏人。后来，我们成熟了，我们知道了，这世界上的人本来就没有好坏之分，因为，在利益的驱动下，任何卑鄙、任何罪孽都是可以得到宽恕的；在欲望的主宰下，任何暴行、任何阴谋，都是可以得到赦免的。于是，我们一边成熟，告诉孩子：这个人既不是好人，也不是坏人，一边在心里盘算，在被利益异化的这个必然的漩涡里面，我们应该是选择被异化为甲虫，还是选择被异化为野兽。

有礼貌就是好孩子

石奋跟着高祖刘邦一起混的时候才十五岁，他没有任何才能，唯一的特点就是恭敬，这给刘邦留下了很深的印象。有一天，刘邦问石奋：

"你家里还有什么人？"

石奋回答：

"有老母，不幸失明了。我家很穷，还有一个姐姐，会鼓瑟。"

刘邦本好色之徒，问：

"能让你姐姐跟着我吗？"

石奋说：

"我愿意尽力。"

于是，刘邦召石奋的姐姐为美人，让石奋担任中涓的官职，其实就是刘邦的勤务员，管管卫生、通报什么的。西汉建立之后，刘邦把石奋的家搬到长安的戚里，这里是皇亲国戚聚居地，算是长安的高尚住宅区，也是因为石奋姐姐是美人的缘故。

刘邦的开国功臣中，人才是很多的，韩信、萧何、张良、周勃，哪个都不是等闲之辈，像石奋这样什么本事都没有，靠姐姐的裙带关系和自己的恭敬爬上来的，实在是太不起眼。因此，在汉高祖和汉惠帝时期，石奋一直是默默无闻的。

虽然没被重用，石奋的恭谨之心却一直不改。他坐车经过皇宫的门楼时，必然下车，小跑着经过，以示恭敬；在路上哪怕看见给皇帝拉车的马，他都要俯身按着车前的横木表示敬意；在家的时候，遇到皇帝赏赐食物，他都必须向食物行稽首大礼，叩拜俯伏着吃，好像皇上就在眼前。

石奋有四个儿子，长子石建，次子石甲，三子石乙，最小的是石庆。这几个儿子在石奋的教育下，都秉承了谦虚谨慎、恭敬无比的优良传统。石建当郎中令的时候，有一次给皇帝写奏章，皇帝写了评语发下来他检查的时候大惊说：

"完了完了，'马'字下面四点，再加一个尾巴是五个，我只写了四个！皇帝一定要治我的罪！"

石奋的小儿子石庆担任太仆的时候，有一天为皇帝驾车。皇帝问他车上套了几匹马，石庆为了表示慎重，不是马上回答，而是用马鞭子数了半天之后，才很郑重地宣布："六匹。"

在石奋的儿子中，石庆是最不讲究礼节的一个，即使是这样，他的恭敬也已经有些弱智的嫌疑了。

汉文帝时，石奋担任太中大夫，还是那样不学无术，但他对皇帝的恭敬却是无人能比。皇帝当时要为太子选老师，众大臣纷纷推荐石奋，皇帝也十分认可。待到当年的太子当了皇帝，就提拔自己的老师石奋担任九卿，可是这位前任老师循规蹈矩、事事小心，弄得皇帝都很不自在，干脆把他派到诸侯国去当丞相。

到石奋年老的时候，他家已经是名副其实的簪缨世家了，他和四个儿子都当上了部省级官员，汉代的高官都称为"二千石"，他们家加起来就有一万石。于是，皇帝赐石奋为"万石君"。

看来，礼貌的确能当饭吃，但是，礼貌却不能当才用。任石奋一家如何恭敬，他们父子的无能却没有任何改变。汉武帝时，石庆担任丞相。当时国家多事，桑弘羊管经济，王温舒管法律，倪宽管教育，还有其他大臣都尽心竭力，石庆根本就无事可做。

元封四年，关东水灾，二百多万百姓无家可归，而石庆竟然主张把四十万流民都发配到边远地区去。看在他爹的面子上，汉武帝没有斥责他，只是委婉地让他请假回家休息，而把其他主张流放灾民的官员都治了罪。石庆也感觉有些惭愧，就上书请求辞职，这下惹恼了皇帝，皇帝斥责他说：

"现在国家遭受灾祸，你作为丞相，不管束官吏为民造福，反而请求把流民都迁徙到边远地区，扰动百姓！有些孩子还不满十岁，就在你的命令下被迫长途迁徙，太让我失望了！……你知道人民贫困，还请求增加赋税；弄得民不聊生，就要辞去官职，你想把这烂摊子扔给谁？你给我回家去！"（今流民愈多，计文不改。君不绳责长吏，而请以兴徙四十万口，摇荡百姓，孤儿幼年未满十岁，无罪而坐率，朕失望焉。……夫怀知民贫而请益赋，动危之而辞位，欲安归难乎？君其反室！——《汉书·万石卫直周张传》）

石庆的弱智此时得到了充分的体现，他看见最后一句"你给我回家去"，以为皇帝允许自己辞职了，就兴致勃勃地准备移交工作，而手下人提醒他，皇帝这样斥责你，最后叫你回家那句话其实是在骂你，你现在最好是引咎自尽。石庆又忧又惧，想回家不愿，想自杀又不敢，最后居然又厚着脸皮回去上班了。

石庆担任丞相九年，成事不足败事有余，而此时他家当上二千石高官的，已经有十三人，门第之盛，古今罕有。

司马迁对石奋的评价引用了孔子的一句话，说他是"敏于事而讷于言"。讷于言我比较赞成，不管这种"讷"是由于谨慎还是由于愚蠢，但是用敏于事来评价他，感觉却是滑稽的。石奋那样的勤务兵，再"敏"，也只不过是把长官的靴子擦得更亮而已；而像石庆那样，不学无术又身居高位，一犯傻，害的就不只是自己一个人，而是祸国殃民了。

但是，即使是祸国殃民，这些小过错，皇帝都是可以原谅的，因为他们拥有一个最重要的法宝，这个法宝足以抵消他们所有的愚蠢和无知，这个优点，就是恭敬。

在专制社会中，维护森严的等级制度，是政权得以存在的一个基本前提。有了这个前提，政权的其他活动才能得到保障。从叔孙通为刘邦制定礼仪开始，汉朝的皇帝们就尝到了坐在神坛之上供万众膜拜的甜头，更明白了礼仪对统治的重要性。因此，石奋一家虽然都无能透顶，但是他们对皇帝近乎白痴的尊敬，不仅能让皇帝感觉到无上的精神享受，更能以榜样的身份，对其他官员起到强大的暗示作用。几代皇帝都升他们的官，其实就是在向百官明白无误地传达一个信息：你可以无能，可如果你有礼貌，你还是好孩子。

司马迁评价石奋"敏于事而讷于言"似乎是对他表示赞赏，其实未必如此。太史公不会对这家人的无所作为视而不见的。也许是因为石建等人跟司马迁同时代，官职又比他高很多，所以史迁没有用十分直白的话评价这一家子。但还是用另一种办法表明了作者的态度，这就是合传。

《史记》多把同类人物放在一起立传，比如将精通军事的孙吴并为《孙子吴起列传》，将同样才华横溢却被小人陷害的屈原贾谊并为《屈原贾生列传》。而跟石奋一起并列的有两个，一个是郎中令周仁，一个是御史大夫张欧。从这两个人，我们可以发现司马迁对石奋一家人真正的态度。

周仁字文，最早因医术而进入朝廷。景帝还是太子时，他当太子的舍人，后因功升为太中大夫。景帝即位后，周文担任郎中令。

《史记》对周文的介绍是：

仁为人阴重不泄，常衣敝补衣溺裤，期为不洁清，以是得幸。

这里的"阴重不泄"学者有不同见解。服虔认为这个词的意思是说周文口风很紧，不会泄露别人的话。但是如果这样解释，后面的穿着补衣溺裤就无法解释了。晋代张晏说，阴重不泄的意思是说周文男性功能发生了病变，所以经常会尿湿裤子，因此他经常穿着破旧的衣服和被打湿的裤子，他的身体非常肮脏，基本上就是个行走的尿不湿（期为不洁清）。后来很多学者赞成张晏的解释。

这样的男人如果还能称为男人的话，女人肯定是不感兴趣的。但是反过来说，女人如果不感兴趣，男人才会觉得放心。所以《史记》记载："景帝入卧内，于后宫密戏，仁常在旁"，意思是说由于周仁没有吸引女人的能力，跟宦官差不多，所以皇帝很放心他。景帝在后宫跟妃子们干点儿童不宜的事情时，周仁经常在旁边观战。皇帝对周仁的信任真是比山还高，比海更深！

作为官员，周文在政治上可谓一无建树。皇帝向他询问大臣善恶，他只回答一句："皇上自己去考察吧。"对任何人都不置一词。而正因为这一点，皇帝更信任他。景帝曾经两次亲自到他家做客，时常赏赐他财物。景帝去世之后，武帝即位，认为他是三朝元老，对他更加敬重。周文后来因病退休，子孙都做了大官。

另一个合传者叫张欧，字叔，父亲叫张说，曾经跟随刘邦，后来被封为安丘侯。张欧在思想上属于刑名家，但是这也是个万事不管的人。武帝元朔四年，韩安国被免职，张欧被任命为御史大夫。这个官职是专门监察官员的，相当于今天的纪检部。但是他任职期间，没有调查过一个官员。皇帝命令他调查，他能推就推，不能推的就流着泪跟皇帝禀报。也就是这样一个终身尸位素餐的官员却一直得到皇帝的宠信。后来他以上大夫的爵禄退休，和擅长观战的周文一样，他的子孙后来也都做了大官。

不难看出，从石奋到周文再到张欧，他们共同的特点都是不学无术、尸位素餐，但他们更共同的特点则是对皇帝无比的尊敬，近乎弱智的礼貌。而这种礼貌给他们的回报却是丰厚的，三个人都担任高官，子孙也相继上位，这其中的奥妙，的确意味深长。

人生在世，总得有些让自己自豪骄傲的东西，有的人有才华，他可以恃才而傲；有些人有勇力，可以恃力而骄。如果一个人，不仅头脑太简单，而且四肢欠发达，那么，在这个社会，他还有最后一条路，就是以自己的尊严和人格为代价，以裙带关系和阿谀奉承为手段，把自己的七尺之躯，匍匐在地上，为自己铺就一条通往权力和欲望的道路，而令人深思的是，这条路，往往比其他的路，要惊人得平坦……

"老实人"的机心

《庄子》里有一个故事,说是子路某日在路上,看见一个老人正在浇灌菜园。他吃力地抱着一个装水的大瓮,上上下下,十分辛苦。于是,子路建议老人安装一个桔槔,利用杠杆原理提水,省时省力。谁知道却被老人教训了一顿:

"用自己的力量提水,就保持了本心,如果使用那些机械,人就会有机心,有了机心,人心就不纯净了,所以我宁愿费力也不愿使用这些东西。"

庄子的思想博大精深,远非常人所能领会,但是,偏偏有很多好事者要去领会,并且自以为得其精髓。比如对上面这个故事,有人就得出以下结论:宁愿自己效率低下费时费力,也不要使用工具省时省力。从此,国人对勤恳踏实的老实人总是给予高度赞扬,即使这种人无能到极点。因为国人相信毕竟没有功劳也有苦劳,没有苦劳还有疲劳,况且笨蛋总是能增加自己的安全感和自豪感的;而对于个性突出、不太听话的人,总是有些警惕和不安。这种思想不仅国人存在,就连数千年后一位洋足球教练也抛出宏论:"态度决定一切。"这里的所谓"态度",在国人的词典里,很大程度上也就是听领导的话,按领导意图办事的意思。就连多年前我们的法律也是讲态度的:坦白从宽,抗拒从严。如果你是老实人,或者看上去像老实人,总能在这个社会占到点儿便宜。

而西汉的公孙弘看上去就有点像这样的老实人。

公孙弘年轻时曾经当过狱吏,后来因犯罪被免职。因家庭贫困,所以为别人养猪糊口，到四十多岁的时候才开始学习《春秋》。汉武帝刚即位的时候，广招贤才，那时候公孙弘已经六十岁了，被征为博士，皇帝派他出使匈奴，但是未能让皇帝满意，于是他托病免职回家。元光五年，武帝再征召贤良文学之士，公孙弘又被推荐。到朝廷之后，皇帝策诏诸儒讲论国事，公孙弘的策论交上去之后，太常判定他的文章属于下等，皇帝看到之后，却认为他的策论很好，于是把他提为第一，并召见他。皇帝看到公孙弘相貌堂堂，十分高兴，于是拜为博士。此后，公孙弘又凭借几篇文章得到皇帝赏识，一年之中，就被提升为左内史。

公孙弘在皇帝面前，完全是一个认真听话的老实人形象。对自己不赞成的事情，他从不在朝廷上与皇帝争论。他和以直谏著称的主爵都尉汲黯一起去私下向皇帝奏事。每次总是汲黯先向皇帝奏明，然后公孙弘再随声附和。奇怪的是皇帝对汲黯总是有些忌惮甚至不满，对公孙弘却十分亲近，所以他的地位日益提高，很快就超过了老臣汲黯，弄得后者在皇帝面前发牢骚："陛下任人如积薪，后来者居上。"

有时候，公孙弘和其他大臣约好了跟皇帝商量国事，等到了之后，公孙弘一看皇帝脸色不对，马上背弃原来的约定，顺从皇帝的意思，弄得一帮大臣十分气愤，在皇帝面前就纷纷指责说：

"这个齐国人狡诈无情，最初与我们商量好了按照这个意思办，但是马上背弃我们，这是不忠。"

皇帝询问公孙弘，他回答：

"了解臣的，就会认为臣是忠心耿耿的；不了解臣的，就会认为臣不忠。"

公孙弘的这段话看似莫名其妙毫无逻辑，其实颇有奥妙：顺着皇帝，就叫忠心，为了这，可以背信弃义、出尔反尔，这种毫无条件的愚忠当然让皇帝十分受用，所以，后来大臣们越是批评公孙弘，皇帝就越厚待他。

当左内史几年之后，公孙弘就被任命为御史大夫，位列三公。可是对国事他却经常是信口雌黄，一窍不通。司马相如主张开通西南夷的时候，皇帝派公孙弘去调查，回来之后他大肆声称西南夷没有用，劝说皇帝放弃，好在武帝并没有听从他的建议；主父偃建议修建朔方城的时候，公孙弘又站出来坚持说这是劳民伤财，于国无益。武帝让朱买臣等人在朝廷上和公孙弘辩论，朱买臣提出了修建朔方城的十个原因，公孙弘一条都无法反驳，只好当面谢罪。

但是，公孙弘自有办法保持皇帝对自己的信任。他经常说："皇帝最忌心胸不宽广，而大臣最忌不节俭。"

因此他身体力行，自己盖布被，吃糙米饭。但是，这种小花招又被汲黯一眼看穿，他上奏皇帝说：

"公孙弘位在三公，还盖着布被子，这显然是故作姿态欺骗陛下。"

皇帝询问公孙弘可有此事，公孙弘谢罪说：

"有这事。在九卿之中，关系跟我最好的就是汲黯，今天他在朝廷上当众责问我，的确说中了我的毛病。我身为三公，还盖着布被，的确是想用欺诈的手段沽名钓誉。"

如果认为公孙弘是在老老实实认错，那就大错特错了，因为他接着马上话锋一转：

"臣听说管仲在齐国当相的时候十分奢侈，他辅佐桓公称霸，奢侈得僭越了天子；晏子在齐国当相的时候，十分节俭，齐国也治理得很好，官员都比照百姓的生活水平生活。现在我当御史大夫，却盖着布被，那么九卿以下的官员生活就跟小吏没有什么区别了，汲黯说得的确正确啊！而且，如果没有汲黯，陛下怎么能听到这样的直言呢？"

这段话可谓攻守兼备，对汲黯寓贬于褒，而对自己寓褒于贬，话不多，却欲扬先抑，峰回路转，不仅成功地挽救了自己，也巧妙地打击了敌人。而且，公孙弘很善于抓住皇帝的脉门：皇帝最怕的是自己的地位受到威胁。公孙弘巧妙暗示皇帝大臣生活奢侈，欲望膨胀难免会觊觎帝位，而自己提倡节俭，让官员降低生活标准，其实在去掉皇帝的一块心病，哪怕这种节俭是装出来的。很显然，公孙弘这里是在提倡伪君子哲学，可是，武帝不但不认为他欺诈，反而认为他善于检讨，勇于谦让，更重用他了。

更重要的是，这段话蕴含了公孙弘的一个神逻辑：我的确是在作假，但我的动机是正确的，那么我作假也是可以理解的。

这种神逻辑的流毒至今依然存在：老师体罚学生是正确的，因为都是为了你好；父母拆看孩子信件也是应该的，因为都是为了你好；宣传模范时多多少少做点假也是正常的，因为宣传的是正面典型。但是中国人似乎从来就没有意识到，真实的错误再错误，至少还有一点可观——它是真实的；而虚假的正确不但不是正确的，甚至连真实也没有了。不过，国人似乎并不在乎是否真实，只要合乎自己心意就行了，哪怕全是假的。

公孙弘的"节俭"在后代也有很多粉丝，比如清朝的道光帝。

道光帝十分重视节俭，他下诏每年宫里的用度不许超过二十万两银子。他的后妃们一年都无法添置新衣，只好穿着破衣烂衫。道光帝每次接见大臣，也要对他们谆谆教诲节俭之重要。看到皇上这么节约，大臣们当然也不敢奢侈，上朝都不敢穿新衣，一律破衣烂衫，远远望去就像丐帮开会。由于朝臣都需要穿破衣上朝，一时间京城估衣铺里破衣脱销，甚至一件破衣比新衣价格还贵。为了应急，一些大臣索性把家里的新衣拿到市场去换破衣，实在没办法，就把新衣故意打几个补丁，再弄点油泥抹上去，看着跟穿了两三代人似的。这样，皇帝看着才觉得开心。

庄子曾说："圣人不死，大盗不止。"用儒家崇尚的圣人治天下，就是变相地把天下送给大盗。就像你把财物用斗斛一类的器具装起来，大盗就连着斗斛一起偷走；你把财物用权衡一类的器具过称，大盗就把权衡这些器具一起偷走；你制造符玺来强调信用，大盗就连符玺一起偷走；你想树立仁义来矫正人心，大盗就连仁义一起偷走。

而大言不惭承认自己撒谎的公孙弘，表面看来，他似乎一直在靠近儒家的内圣外王之道，实际上他就是这种偷走仁义的大盗。

元朔年间，公孙弘被拜为丞相，终于走到了仕途的顶峰。在此之前，汉代的丞相都是从列侯中选拔的，可是，公孙弘从一个牧猪奴做到丞相，只用了几年时间，甚至没来得及封侯。于是，皇帝特别下诏封他为平津侯，并且以此为先例，后来汉代的丞相都是就职之后马上封侯。

　　《汉书》中说公孙弘被提拔，主要是因为武帝当时提倡以儒术治国的缘故。事实上，公孙弘在儒术上几乎毫无贡献，甚至被一些儒生指为"曲学阿世"，他的发迹，除了时运之外，其实就是他那让皇帝信任放心的老实人形象。当然，这种形象是以对上阿谀奉承、对下欺骗出卖换来的。史载公孙弘"性意忌，外宽内深"，一些曾经得罪过他的人，他表面上毫不在意，仍然与之继续交往，但是只要一有机会，必实施报复，甚至置人于死地。主父偃在设朔方城的事情上让公孙弘丢了面子，他一直怀恨在心。后来，在齐王自杀事件中，皇帝已经打算不杀主父偃，但公孙弘却穿凿附会夸大事实，坚持要杀，结果主父偃被灭族，死后几乎无人收尸；董仲舒得罪了公孙弘，也被借故贬谪到了胶西。所以，公孙弘绝不是什么老实人，而是一个披着老实人外衣的伪君子，他抱瓮老人式的淳朴外表下掩盖的是狡诈的机心，他就是一个以踏实淳朴的外表掩盖自己的无能，以狡诈中伤打垮自己的对手，踩着别人的肩膀往上爬的"老实人"。

　　似乎，这样的"老实人"，后世，是越来越多了。

蓝颜祸水

西汉的皇帝们，高下有差，贤愚有别，有一点却是共同的，那就是，几乎所有的皇帝都喜欢玩同性恋。

《汉书》说："柔曼之倾意，非独女德，盖亦有男色焉。"同性恋在中国古代并不少见，春秋战国时候多有记载，比较著名的如卫君与弥子瑕，魏君与龙阳君，等等，"龙阳之兴"已经成了男同性恋的三个最著名的代称之一，第二个代称是"分桃之谊"，典出弥子瑕，而第三个代称"断袖之癖"，则是出自汉哀帝与男宠董贤的故事。

汉高祖刘邦是西汉的开国皇帝，也是开皇帝玩同性恋风气之先的皇帝，《汉书·佞幸传》记载他的男宠叫籍孺，"孺"就是小伙子的意思，类似于现在咱们叫帅哥。汉高祖的儿子惠帝也不甘落后，他的男宠叫闳孺，这两个人都没有什么才能，但是凭着自己的"如水柔情"得到皇帝的宠爱，和皇帝同吃同睡，领导了时尚。惠帝时的郎中、侍中们都戴着插鸵鸟毛的帽子，系着贝克装饰的衣带，涂脂抹粉，其实都是希望也能以此得到皇帝的"临幸"。这之后，还有武帝的男宠韩嫣、李延年，元帝的男宠弘恭、石显等等，不一而足。

不过，这时候皇帝的男宠们似乎也没有什么太大的能耐，只不过是皇帝的弄臣罢了。"弄臣"这个词是汉文帝发明的，其源头也跟文帝的男宠邓通有关。文帝有一天梦见上天上不去，一个衣服穿反了的侍卫推了自己一把。醒来之后就在侍卫中寻找这个人，结果还真的看见一个衣服穿反了的侍卫。

一询问，叫邓通，"邓"又跟登天的"登"读音相近，文帝觉得这就是自己的梦中人，于是"尊幸之，日日异"，还找来看相的来给邓通相面，看相的说："邓通最后要饿死。"皇帝说："我能让他富贵，怎么会饿死？"于是，赐给邓通一座铜山，叫他自己铸钱使用。丞相申屠嘉对这个靠男色上位的小人十分不满，就借口邓通在宫殿上举止不敬，派人把他抓来，要杀他的头。邓通叩头流血，申屠嘉仍怒不可遏。最后皇帝派人来求情，并且对申屠嘉说："此吾弄臣，君释之。"可见，邓通虽然是文帝的情人，但是在皇帝眼里，他还是一个上不得台面的玩物而已。而西汉最著名的男宠，汉哀帝的情人董贤，地位就比邓通高得多了。

董贤的父亲董恭是御史，董贤任太子舍人，《汉书》中说董贤"为人美丽自喜"，哀帝第一次看见他就问："你莫非就是董贤吗？"看来他的靓丽皇帝是早有耳闻。从那以后，他成了皇帝的情人。当得知他的父亲只是个御史的时候，皇帝马上下诏，任命其父为霸陵令，很快又升为光禄大夫。董贤被拜为驸马都尉侍中，"出则参乘，入御左右"，几个月赏赐就数万钱。一天，董贤和皇帝一起睡觉，身体压住了皇帝的袖子。早晨皇帝醒了，但是不愿惊醒董贤，就叫人把自己的袖子割断。这就是有名的"断袖"典故，后世人们就以此指代同性恋情。

董贤对皇帝也是情意绵绵，即使是休假也不愿意回家，皇帝善解人意，就下令让董贤的妻子搬进宫和董贤一起住。不久，又封董贤的妹妹为昭仪，汉代昭仪地位仅次于皇后，与诸侯王相当。皇帝还觉得不满意，古代皇后的寝宫又名"椒房"，皇帝就把董昭仪的住所改名叫"椒风"，以与皇后相配。之后，又封董贤的老丈人为将作大匠，相当于现在的建设部部长，主管营造。而他上任之后最大的工程就是在皇帝的命令下给女婿修建宅第，"土木之功穷极技巧"，柱子栏杆都用锦缎包裹，皇宫珍宝中最好的都赏给董贤，哀帝还在自己陵墓旁边预先为董贤修好陵墓，以示宠爱。

可是董贤除了长得漂亮之外的确没有其他的本事，哀帝想封他官职，苦于找不到机会。正好待诏孙宠和息夫躬告发东平王刘谒谋反，证据确凿，皇帝就找到二人，让他们说消息来源于董贤处，于是"论功行赏"，封董贤为高安侯，封邑数千户。丞相王嘉怀疑此案不实，厌恶董贤扰乱法令制度，结果被皇帝扔进监狱，死在里面。之后，哀帝又封董贤为大司马卫将军，位列三公，权倾天下。当时，董贤只有二十二岁。他当大司马卫将军的第二年，匈奴单于来朝见，很奇怪这个大司马怎么这么年轻。皇帝察觉了，命令翻译告诉他："大司马年少，以大贤居位。"单于听了之后，连声恭贺皇帝知人善任。

此时的董贤已是一人之下万人之上，朝臣贵族在他面前无不战战兢兢。就连级别和他相同的丞相孔光，在董贤来访的时候，都恭恭敬敬地站在门口迎接。董贤的车进门，孔光倒退着进门，等他下车，再上前拜谒。哀帝知道之后很高兴，马上封孔光的两个侄子为谏大夫常侍。

哀帝与董贤情好日笃，在一次宴会上，哀帝居然说："我想效法尧禅位于舜（指想把帝位让给董贤——笔者注），大家以为如何？"朝堂众臣大惊失色，侍中王闳站起来说："天下是高祖皇帝的天下，不是陛下的天下。陛下承宗庙，应该传之子孙至于无穷，维护国统是至关重要的事情，天子无戏言！"哀帝沉默不说话，大臣们十分恐惧。从那以后，哀帝再也没让王闳参与过宴会。

董贤这样的人，其悲剧结局几乎是注定的，只不过由于哀帝的短命，他的末日来得更早一些。汉哀帝刘欣建平四年（前6年）即位，元寿二年（前1年8月15日）驾崩，在位仅仅五年。哀帝一死，王莽就弹劾董贤在皇帝病重的时候不亲自服侍，免去了他大司马的职务，让其交出印绶回家。董贤夫妇即日自杀。王莽还怕董贤诈死，下令开棺验尸。董贤的家人被流放。长安的百姓听见董贤死的消息，都跑到他的府邸去哭泣，实际上是为了偷盗财物。官府查封董贤的家产，各色财物价值四十三万万钱。

要想搞臭一个人，最常见的办法就是从其私生活入手，搞平民百姓是这样，搞皇帝似乎也不例外。前文已说过，西汉的皇帝玩同性恋从刘邦开始，十二个皇帝几乎无一例外都有此爱好。可前代的祖宗们玩这个是雅事，而到了西汉末期（哀帝实际上是西汉最后一位还有实权的皇帝，此后的平帝、孺子刘婴皆为王莽傀儡——笔者注）的哀帝就没有那么幸运了。《汉书·佞幸传》收录男宠七人，"董贤传"占了一半篇幅，汉哀帝的同性恋故事被史家渲染得如此有声有色、活灵活现，其用意不过是在给王朝的衰落找个借口而已。

鲁迅曾讽刺说："中国的男人，本来大半都可以作圣贤，可惜全被女人毁掉了。商是妲己闹亡的，周是褒姒弄坏的，秦……虽然史无明文，我们也假定他因为女人，大约未必不会错，而董卓可的确是给貂蝉害死了（《阿Q正传》）。"如果没有女人，那么把像女人的男人抓来接盘也大约是不错的。《汉书·佞幸传》就很明白地说，汉末的衰落"咎在亲便嬖，所任非仁贤"。董贤固然算不上好人，但是也不至于有能力搞垮堂堂的西汉帝国。把同性恋作为借口，也只不过是"红颜祸水"的一个翻版，没有合适的词，暂且就称之为"蓝颜祸水"吧！因为，皇帝是永远圣明，没有错的，即使有错，最多也是错在奸臣太狡猾，蒙骗了皇帝，狂放如李白，不是也长叹"总为浮云能蔽日，长安不见使人愁"吗？归根结底，还是奸臣的错。皇帝没有错，体制更没有错，万世一系的大一统即使已经成为一辆破烂不堪、随时可能散架的牛车，那也只是因为奸臣当道、贪官横行而已。于是，《二十四史》里数不清的贪官酷吏、奸臣小人们一代代地为体制和皇帝背着黑锅，而史书中的良吏们则在不断地给我们濒于绝望的心田种下"希望"的种子，不厌其烦地告诉我们：只要青天大老爷来了，一切都会好的，工作会有的，面包会有的，一切都会有的……

中国有以"二十四史"为代表的世界上最完整的史书体系，但是，其历史却始终是在绝望的重复和循环之中。

泽被李白苏轼的汉代校长

公元前二世纪的某年，当汉景帝任命一个被后人称为"文翁"的人到蜀郡担任郡守时，他大概怎么也没有想到，自己的这个决定，不仅从此改变了蜀地两千多年的发展方向，更是在中华民族的教育史上，写下了浓墨重彩的一笔。

蜀地在中央政府的规划下有系统的开发应该始于战国时期，当时秦国任命李冰担任蜀郡郡守，修建了举世闻名的都江堰。这是人类历史上唯一一座跨越了两千多年，至今仍然在发挥重要作用的水利工程，四川也因此被称为"天府之国"，在楚汉战争的时候，更是成为刘邦赖以支撑取得天下的大后方。但是，在文化上，直到汉初，蜀地仍然是"辟陋有蛮夷风"的边远山区，其文化发展比起中原地区差距很大。

景帝末年，庐江人文翁被任命为蜀郡郡守。根据《都江堰水利述要》记载：文翁在任职期间，带领人民"穿湔江，灌溉繁田一千七百顷"，是第一个扩大都江堰灌区的官员。由于他注重兴修水利，发展农业，使蜀郡出现了"世平道治，民物阜康"的局面。而这，只是文翁为治的第一步。

史载文翁"仁爱好教化"，当他看到当时的蜀郡文化很不发达之后，就选派了张叔等郡里小吏十余人，到长安去向朝廷的博士们学习。为了保证学习质量，文翁还节省官府开支，省下的钱用来购买一些土特产，托官吏带到长安，作为礼物送给博士。几年之后，这些"留学生"们学成回乡，文翁都委以高职，依次选拔，官职有的达到了郡州刺史。

紧接着，文翁又做了一件远远超越了他那个时代的事情：兴办学校。在文翁之前，中国的教育大多是孔子式的私人收徒教学，在中央有政府兴办的学校，主要招收贵族子弟为学生，而在地方政府并没有公立学校，更没有面向贫民的教育机构。文翁以学成回乡的官吏为教师，在成都南门兴办了蜀地第一所，也是中国第一所地方公立学校。他招收治下的百姓子弟为学生，免除他们的徭役，学习成绩优异的，就委以官职，次一等的也予以表彰。他处理公务的时候，经常让学校里的学生坐在一旁观摩，出去巡视的时候，也经常把品学兼优的学生带在身边。因此吏民都以能在学校学习为荣，争着想当学校弟子，富人甚至出钱以求入学。于是蜀地风俗为之一变，蜀地的学者到京师学习的，跟当时文化教育发达的齐鲁之地一样了。景帝知道之后，下令嘉奖文翁。到武帝时，更是下令全国郡县都必须建立学校。

文翁建立的学校叫"文学精舍讲堂"，因为学校是用石头修建的，一般人也称为"文翁石室"，或者"玉堂"。学校从建立开始，就历代不绝：1701年，改名为"锦江书院"；1902年，改名为"成都师范学堂"；1904年，改名为"成都府中学堂"，1949年后，改名为"石室中学""成都第四中学"；1983年，恢复"石室中学"校名。从公元前141年学校建立到现在，石室中学在同一校址办学已达两千一百四十八年，培养了无数的人才，这是世界上教育历史最悠久的学校，而文翁，就是这所学校的第一任校长。

文翁后来在蜀地去世。他死之后，吏民为他建立祠堂，每逢节气祭祀不绝。而文翁真正的贡献，决不仅仅是建立了一所学校，而是用教育这双翅膀，将文化这个精灵载入了巴山蜀水，正如《汉书》中所说："至今巴蜀好文雅，文翁之化也。"也许文翁自己也没有想到，当民族的文化与岷江的波涛、峨眉的群峰、青城的古木、剑门的雄奇融合在一起之后，就孕育出了一个新的精灵。这个精灵也许没有燕赵的豪迈，没有江南的柔美，没有黄土高原的醇厚，却拥有青山绿水孕育的绚烂文辞，拥有险峰峻岭培养出的瑰丽的想象，拥有历史赋予的广阔和厚重。文翁去世以后，蜀地很快就涌现出了两位辞赋大家：司马相如、杨雄。在以后的岁月里，这片土地更是人才辈出，至今不绝，而包括诗仙李白、文学家苏轼、学者郭沫若在内的蜀地的所有人才，其渊源都可以上溯到两千年前那间狭窄甚至简陋的石室，上溯到那位用自己超越千年岁月的眼光来泽被后世的郡守的书案前。

我从其他资料查到文翁名觉（一说名党），字仲翁，但是《汉书》里没有说他叫什么名字，只是称他"文翁"，这在正史中是很少见的。我愿意将此理解为这是班固对这个中国历史上最早的校长的尊重，就如司马迁要固执地称贾谊为"贾生"，以表示自己对他的尊重一样。因为，在历史的长河中，属于政治的官员太多，属于民众的官员太少；急功近利搞政绩的官员太多，眼光远大泽被后世的官员太少；经济仕途的官员太多，经济教育的官员太少，所以，昙花一现的官员也太多，而真正流芳千古的官员太少。但是，四川有过文翁，巴蜀幸甚！民族幸甚！

完美男人

曾经有一副很有趣的对联：

蔺相如，司马相如，名相如，实不相如；

魏无忌，长孙无忌，尔无忌，我亦无忌。

对联固然十分巧妙，但是上联说司马相如与蔺相如实不相如，却不是很贴切。

司马相如是四川成都人，年幼好读书，喜欢剑术，父母最初给他起的名字是司马犬子。父母称自己的孩子为小狗固然是出于对孩子的爱怜，但是大概没谁愿意让这个名字伴随自己一生的。因此，司马犬子长大之后，读书既多，十分仰慕蔺相如的为人，所以就给自己改名叫司马相如。

成年之后的司马相如也曾经当过武骑常侍之类的小官，但是他的爱好不在此，因此弃官回家，遍游天下，却一直也不得志，家贫如洗。当时的四川临邛令王吉与他关系很好，王吉说：

"你游宦不成，还不如到我这里来吧。"

于是，司马相如就投奔了王吉。

汉代的临邛是富庶之乡，有很多富人居住在这里，其中最有名的一个就是卓王孙。

卓家祖先原来是赵国人，曾经以炼铁致富。秦灭赵后，就把很多赵国人迁徙到当时还地广人稀的蜀地。由于是被迫搬迁，卓家的祖先扔掉了大部分财产，夫妻俩推着一个小车在士兵的押解下前往搬迁地，只随身带了很少一些金银。当时其他被迫搬迁的人争着贿赂押解的官吏,希望能够被安排在近一些的地方,所以很多人被安置在了现在四川与陕西交界处的葭萌关。但是眼光独到的卓老先生却说:"这个地方地势狭窄,物产贫瘠。我听说汶山下面有沃野万里,土地里出产一种芋头,这里的人怎么都不会受饥荒之苦。当地人擅长做生意,我们也可以在那里从事商业(此地狭薄,吾闻汶山之下,沃野,下有蹲鸱,至死不饥,民工于市,易贾。——《史记·货殖列传》)。"所以他反而向官吏请求迁徙到较远的地方。于是卓家被迁到临邛。到了之后,卓家又重拾旧业,开始经营炼铁生意,很快致富,家里仆人上千,富贵享受甚至跟皇帝差不多(田池射猎之乐,拟于人君)。

一天,卓王孙大宴宾客,作为父母官的王吉当然是座上客。可是,王吉到了之后,居然连食物都不敢品尝,说,最尊贵的客人司马相如没有到,不敢擅自开始,并且亲自起身去迎接相如。司马相如又推说自己"身体不适",不能前往,在王吉再三的"强求"下,"不得已"勉强赴宴。王吉和司马相如合作的这出双簧使满座皆惊,没有谁还敢小看出身寒微的相如。但这其实只是他们的第一步。酒酣耳热,王吉起身捧着琴走到司马相如面前说:

"我听说相如善于鼓琴,希望您能为我们弹奏一曲。"

例行的推辞之后,司马相如只好"勉强"弹奏了一曲。这琴声不仅让满堂宾客为之倾倒,更是深深打动了一个女子的心,这个女子就是卓文君。

卓文君是卓王孙的女儿,爱好音乐,当时刚刚死了丈夫,寡居在家。这些"资料",其实王吉和司马相如都早已了然于胸。因此,两人先是你唱我和,演出了一场满堂宾客候贵人的好戏,充分调动起了卓文君的好奇心,然后再故意让司马相如鼓琴,投其所好。《汉书》记载"相如……以琴心挑之",足见司马相如其实是蓄谋已久的。当时隆重出场的司马相如雍容娴雅,一表人才,又才华横溢,因此,当卓文君从窗缝里偷看相如的时候,心里只有一个念头:害怕自己配不上这位青年才俊。

剩下的事情就顺理成章了,相如命手下贿赂卓文君的侍者暗通款曲,于是在一个暧昧的夜里,卓文君逃出家门,奔向了司马相如的怀抱。

私奔这种事情，在事前和事后都属于浪漫主义，而在事件当时，却是不折不扣的现实主义，从红拂女到崔莺莺莫不如此。当得知女儿私奔的消息之后，卓王孙十分愤怒，说：

"养了这样不知廉耻的女儿，我不杀她也就算了，想要我的钱，一个子都不给！"

更糟糕的是，当卓文君满怀希望跟着相如回到成都才知道，相如所有的财产其实就是他那一身的行头，而家里，除了四面墙之外什么都没有。卓文君十分生气，又无可奈何，日子总得过下去。于是她对相如说：

"还不如再回临邛，即使向兄弟们借钱也可以度日，为什么要在这里受苦呢？"

相如听了妻子的话，一起回到临邛。但是，他的打算却不是靠借贷度日。

到临邛之后，相如把车马衣服全部变卖，买了一间酒肆，让文君穿着粗布裙当垆卖酒，而自己穿着"犊鼻裈"，其形制类似今天的夏威夷短裤，在酒店里当杂役、洗酒杯。后人说到文君当垆的时候总是夹杂过多的浪漫色彩，觉得似乎有"你挑水来我浇园"一类的甜蜜，其实司马相如的真实意图只有一个：让他老丈人出丑，川人称之为"臊皮"。果然，卓王孙知道自己的娇贵女儿居然变成低贱的小酒馆老板娘之后就再也坐不住了，又架不住一帮亲戚朋友劝说，只好答应分给卓文君一些钱和奴仆。这样，卓文君带着司马相如凯旋，回到了成都。

但是，一个大男人靠着老婆养活终究不是什么愉快的事情，于是，司马相如决定再次出游，以求功名利禄。据说，他离开成都的时候曾经发誓说，这辈子如果我不能坐着驷马之车（四匹马拉的车，为汉代高级官员乘坐的马车）回来，我就不回成都！

离开成都北上，司马相如来到了国都长安，找到了自己的四川老乡杨得意。杨得意当时是汉武帝的狗监，就是为皇帝管理猎狗的官员，官职不大，但是却有接近皇帝的机会，于是，司马相如与杨得意合作，又成功上演了一场自我炒作的好戏。

首先，司马相如把自己的《子虚赋》弄成一本古书的样子，让杨得意带进宫中，杨得意把书放在武帝书架的最上面。一天，武帝闲暇，就打开来看，越看越入迷，看完之后长叹一声："我不能与这位古人生活在同一个时代，真是遗憾啊！"

在旁边守候多时的杨得意看见机会来了，趁机说：

"陛下，这篇文章的作者不是古人，其实就是臣的同乡，叫司马相如。"

皇帝大喜，召见相如，问他文章是否是他所作。相如说：

"的确是臣所作，但是这篇文章讲的只是诸侯的事情，没有什么可看的，我愿意为陛下作天子游猎的文章。"

武帝十分高兴，命人赐给他纸笔。于是相如以"劝百讽一"的笔法，把天子出猎时随从的众多、场面的浩大描写得淋漓尽致，这就是有名的《上林赋》。皇帝十分高兴，拜他为郎，司马相如终于迈出了仕途的第一步。

几年以后，司马相如终于遇到了他生命中另一个重要的事件。

汉代时的版图跟现在的中国区别是很大的，今天的西南三省中云南、贵州的全部和四川的大部，包括广西、甘肃一部分地区，在汉代被统称为"西南夷"，尚未划入中国版图，当地的少数民族很多也都处于刀耕火种的原始社会。秦代时，中央政府开始对西南夷进行开发，但是限于条件，开发的程度很有限。司马相如任郎之后，极力建议朝廷开西南夷，也就是建立与西南夷的交往。司马相如的观点在朝廷引起了争议，一些大臣认为，蛮夷之地，朝廷得之不多，失之不少，没有必要耗费民力去开发。这种观点直到一千多年后，康熙皇帝主张收复台湾的时候还有人坚持。小农经济往往使人的视野局限在自己的一亩三分地以内，对他们来说，自己菜园之外的那个世界太遥远，对自己毫无意义。而司马相如却认为，作为一个政治家不应该因循守旧，而应该"崇论宏议，创业垂统，为万世规"，要有兼容并包的肚量。他的观点，得到了雄才大略的汉武帝的支持。

也许，正是这样的时代，造就了武帝和相如这样目光远大的人物，同时，他们也以自己的目光，影响着历史的走向。可是历史似乎并不是按照渐进的规律发展的。明朝郑和七次下西洋，完成了中国人远航的壮举，可是在他死后，他的功绩被大臣们指为"劳民伤财"，而他留下的所有远洋资料，竟然被一个"体察上意"的官员付之一炬！而仅仅在郑和第一次下西洋八十多年以后，1487年，迪亚士率三只船，自里斯本出发，沿西非海岸向南航行，到达非洲的西南端，葡萄牙国王命名其为"好望角"；1497年，达·伽马率舰队从里斯本出发，沿迪亚士的航线绕过好望角，到达印度；1492年，哥伦布发现美洲大陆，欧洲人终于开辟了从欧洲到亚洲的新航路，并且决定了此后数百年世界的发展中心。而此时的中国朝廷，正忙着颁布海禁，郑和之后，明朝不再拥有海军。而清朝的海军建设也是一直到了晚期才被洋务派所推广，而此时，列强的坚船利炮已经不是大清国可以赶得上的了。因此，从这个角度说，司马相如的眼光不仅超越了他同时代的人，甚至超越了一千多年后的很多中国人。很难说，这是司马相如的骄傲，还是后代中国人的悲哀。

但是，在汉代的生产条件下，要在"蚕丛及鱼凫，开国何茫然"的崇山峻岭中打通一条宽阔的大路，何其艰难！武帝派遣唐蒙承担通西南夷的重任，但是唐蒙以军事镇压为手段，征发巴蜀吏卒上千人，加上负责后勤运输的有上万人，死伤无数，激起民愤。武帝听说之后，拜司马相如为中郎将，派遣他回到成都，斥责唐蒙，并继续担负起开通西南夷的重任。当他到达成都之后，太守以下官员全部到郊外迎接，县令背负着弓弩走在前面担任警卫，蜀中的富户纷纷拉关系到相如门下进献牛酒以表慰劳。这时，相如的老丈人卓王孙喟然长叹，只恨自己没早点把女儿嫁给相如，并且再次分给女儿财产，使之与儿子们相等。司马相如终于实现了自己"乘驷马之车"回到家乡的夙愿。现在成都北门还有一个地方叫"驷马桥"，据说就是相如回乡的地方。

司马相如发布了著名的《告蜀中父老檄》和《难蜀父老》，在这两篇文章里，他代表朝廷表示了对唐蒙暴虐的谴责，更讲明了开通西南夷对国家和西南各地的重要意义。而谈到开通西南夷的艰难和他的决心时，司马相如写道：

"盖世必有非常之人，然后有非常之事；有非常之事，然后有非常之功。"

非常，就是非同一般，司马相如无疑认为自己是这非常中间的一员，到西南后，司马相如展开了卓有成效的外交活动，频繁地与广大西南夷首领谈判，大修通往各西南夷地区的道路。《史记·平准书》说："唐蒙、司马相如开路西南夷，凿山通道千余里，以广巴蜀。"西南夷的各个部族首领也纷纷要求归附朝廷。终于，他凭着非常的坚韧与信念，完成了开通西南夷的宏伟大任，曾经被朝廷衮衮诸公视为"化外之邦"的西南三省，开始逐渐纳入中国版图。于是，现在，我们的词汇中就有了这样的一些词语：西双版纳、黄果树瀑布、丽江古城、攀枝花铁矿、西昌卫星发射基地……

晚年的司马相如辞官归家，整天过着与卓文君诗酒唱和的悠闲生活，虽然皇帝不时还派人向他询问国事，但是，他已经远离了那个雄才大略的皇帝，远离了那个伟大的时代，因为他已经完成了他一生中最重要的两件事。有了这两件事，他就远离了中国男人常见的猥琐、狭隘、压抑、拘谨和浅见，成为一个完美的男人。因为，在他性格中，有一分的顽皮，两分的幽默，三分的情调，四分的品位，五分的疯狂，六分的才华，七分的智慧，八分的坚韧，终于做出了九分的成就，于是，他的人生，就成了十分的传奇。

宁愿相信有报应

西汉最大的冤案是戾太子刘据巫蛊案，此案牵连众多，死者数万人，太子刘据、其妻史良娣、皇后、太子的儿子都遇害（详见拙作《小人的复仇》），就连太子的孙子，汉武帝的曾孙，也被投入了监狱，当时他才出生仅几个月。此时，一个曾经默默无闻的小人物从历史的幕后走上前台，改变了历史的进程，这个人就是丙吉。

丙吉字少卿，鲁国人，巫蛊案发的时候，他被召为廷尉监，负责追查此案。而当时还在襁褓中的皇曾孙就被关在丙吉负责的监狱里。丙吉为人善良，他知道太子巫蛊案其实是冤案，更怜悯皇曾孙无辜被关押，于是他挑选了几个谨慎厚道的女犯人，叫她们抚养他。皇曾孙身体不好，多次生病几乎死去，丙吉用自己的俸禄为皇曾孙买药治病，多次把他从死亡线上拉回来，在孩子一次大病痊愈之后，丙吉为他起名刘病已，意思是疾病全都好了，以后不再生病。后元二年，占卜者对武帝说，长安监狱中有天子之气，武帝派遣使者，要求把狱中关押的犯人，不论罪行轻重全部杀死。使者郭穰夜晚到达监狱，谁知道丙吉闭门不让他进来，说：

"皇曾孙在此，即使是其他人，无辜被杀也是不行的，何况是皇曾孙！"

两边相持不下，一直到天明，丙吉也不开门。郭穰回到朝廷，弹劾丙吉抗旨不遵，而此时武帝也有所醒悟，长叹说："这也是天意啊！"

于是，汉武帝宣布大赦天下，皇曾孙的危险得以解除。丙吉把刘病已交付给他的祖母史良娣家抚养。同年，武帝去世，汉昭帝刘弗陵即位。汉昭帝在位十二年，元平元年（前74年）去世，无嗣，权臣霍光等迎立当时的昌邑王刘贺为皇帝。刘贺即位之后，荒淫无道，据说不到一个月就干了一千多件坏事，结果，只当了二十七天皇帝就被废，成为汉代在位时间最短的一个皇帝。于是大臣们聚在一起商讨皇帝的人选。此时丙吉对霍光推荐了皇曾孙刘病已，此时，皇曾孙已经十九岁了，霍光与诸大臣商议，都同意立其为帝。于是，刘病已即位，后来改名叫刘询，这就是汉宣帝。

汉宣帝即位之后，丙吉因为迎立有功，因此赐爵关内侯，后任太子太傅、御史大夫，但是，对养护当今皇帝的事情，丙吉绝口不提，甚至很多大臣也不知道，皇帝更是蒙在鼓里。此时，宫里一个以前的奴婢，名字叫则的，让她的丈夫上书皇帝，说自己有养育皇帝的功绩，并说此事丙吉知情。丙吉见到她之后说：

"你当时就是因为养育皇曾孙不细致而被鞭笞的，你怎么有功？真正有功的是渭城胡组和淮阳的郭征卿。"

至此，真相才得以大白于天下，汉宣帝十分感动，下诏封丙吉为博阳侯，赐封邑一千三百户。五年之后，丙吉担任丞相。丙吉虽然出身低微，但是深明大义，为人宽厚。他担任丞相时，有一天他的车夫喝醉了，呕吐在他车上，手下想把这车夫辞退，丙吉说：

"因为喝酒的缘故被赶走，这个人以后再去什么地方容身？请各位容忍他一下，不过就是把丞相车上的草席弄脏了而已。"就没有驱赶这位车夫。

这个车夫本来是边境人，熟悉边境事务。后来，车夫有一天出门，恰好看见有边境使者来京城传递紧急书信，于是尾随其后打听消息，得知是匈奴大举进犯边境。他立即回到丞相府向丙吉汇报情况。丙吉知道之后，召见有关官员，提前布置抗敌事宜。几天之后，皇帝召见丞相、御史大夫，询问边境情况，丙吉对答如流而被表扬，而御史却因不置一词而被斥责，这些都是车夫的功劳。丙吉长叹说：

"人没有什么不能被容忍的，每个人都有自己的长处，假如我没有得到车夫事先的提醒，怎么可能得到皇帝的慰勉奖励呢？"

丙吉去世于五凤三年（前55年），谥号为定侯。去世前天子亲自慰问，去世后备极哀荣。这肯定是他当那个小小的狱吏时怎么也想象不到的。可就是这个小小的狱吏，竟然敢抗拒天子的使者，难道他不知道巫蛊之祸已经有包括皇后、太子在内的数万人丢了性命？难道他不知道汉武帝此时已经杀红了眼，以区区狱吏之力想改变历史无异于螳臂当车？到底是什么驱使他做出了这个选择？须知他的所作所为不仅仅威胁到自己的生命，还很可能导致全家被灭族！现在已不得而知，但有一点是可以肯定的，至少他当时不可能想到怀里的这个婴儿有一天会君临天下，成为九五之尊，或者他也根本没有希冀过这个，这从宣帝即位之后他近乎隐居的行为可以看出来。是出于忠诚吗？那他为何又要冒着生命危险抗拒当今皇帝的诏令？答案只有一个，驱使他这样做的动力，是善良。当时他不仅是保护了皇曾孙，他自己的话也说得很清楚，他还要保护监狱里那些即将无辜被杀的犯人，是内心的善良使他忘记了一切危险，挺身而出，写就了一个惊心动魄的传奇。

　　好在故事的结局是圆满的，神志昏乱的武帝杀了自己的儿子、孙子之后，又莫名其妙地要杀自己的曾孙，一夜之后，又莫名其妙地收回了成命。一个小小的狱吏竟然真的战胜了天子的雷霆之怒，成功地改变了帝国的命运，改变了历史的进程。后来丙吉得到的报答，更是富于传奇性的，而当一切逻辑和规律都无法解释这一切的时候，我宁愿相信，这世上真的有报应，这无关知识水平，甚至无关宗教信仰，只关乎人对善的期待和遵循。在命运面前，我们总是那么渺小，那么无力，当一切都唯物化之后，权位、金钱和法律成了我们最高的规条，但是，这些规条的作用不是使人向善，最多只是使人少作恶，甚至要做到这点都勉为其难。可我们还是希望人类的善行能够得到报答，我们希望这世上的恶行能够得到审判，哪怕这报答和审判被放遥远的最后来执行。我们都希望这世界上还有一个最高的价值判断，能够穿越我们无法逾越的时间和空间，能凌驾于强权、金钱、法律和意识形态之上，飞翔于正义和真理的广阔天空，芸芸众生所做的一切，都是会有报偿，或者报应的。这样，当我们为善的时候，就有了一份卑微的期冀；而我们要作恶的时候，至少还有一点胆战心惊的顾忌。

权力游戏——一场致命的高利贷交易

说到"托孤",人们常常会想到刘备白帝城托孤的故事,现有学者说此事不实,这里暂且不论。即使此事属实,比起西汉一起著名的托孤事件,也逊色得多,这个事件就是霍光辅政。

霍光字子孟,是霍去病的同父异母弟弟。他们的父亲霍中孺早年曾以县吏的身份被派遣到平阳侯家做事的时候,曾经与侍女卫少兒私通,后来卫少兒生下了霍去病。公事完毕之后霍中孺回到家乡,娶妻生了霍光。后来卫少兒的妹妹卫子夫被武帝宠爱,立为皇后,霍去病也成为赫赫有名的将军,并知道了自己的身世。在一次出击匈奴的途中,霍去病特地去拜见生父,为他买田地奴婢,并把霍光带到了长安,当时霍光只有十多岁。霍去病死后,霍光官至奉车都尉、光禄大夫,侍奉武帝二十余年,"小心谨慎,未尝有过,甚见亲信"。

卫太子巫蛊事件之后,武帝想立宠爱的钩弋夫人的儿子为太子,但是那个孩子只有八岁,武帝就命人画周公辅成王图赐给霍光,意思是要他辅佐年幼的太子执政。武帝临终的时候,霍光问:"陛下如果有不讳(去世——作者注),谁继承皇位?"

武帝说:"你还没明白画的意思吗?立年幼的太子,你像周公辅佐成王一样辅佐他。"

武帝拜霍光为司马大将军，金日䃅为车骑将军，上官桀为左将军，桑弘羊为御史大夫，共同辅政，其中又以霍光为主。第二天，皇帝驾崩，太子即位，是为昭帝。

此时的霍光权倾天下，连皇帝都害怕他。当时尚名不见经传的卫尉王莽，他的儿子王忽在宫中当侍卫，霍光辅政之后，他不知深浅地说："皇帝驾崩的时候，我就在场，哪里有什么遗诏让他们辅政的事情，这是那些大臣借此揽权罢了！"

霍光知道之后，严厉斥责了王莽，王莽无奈，只好毒杀了自己的儿子。

在四个辅政大臣中，金日䃅是匈奴投降的贵族，他自知身份尴尬，因此处处退让，加之早逝，因此对霍光没有任何威胁，但是上官桀和桑弘羊却不甘霍光独揽大权。

上官桀和霍光本是亲家关系。上官桀的儿子上官安娶了霍光的长女，生有一个女儿。为了巩固自己的权力，上官安希望让当时年仅六岁的女儿，也就是霍光的外孙女当皇后。据史书记载，这遭到了霍光的反对。而上官安则找到了皇帝的姐姐鄂邑盖长公主，长公主就帮忙，让这个小女孩顺利进宫成为婕妤，几个月后就成了皇后。上官安对长公主十分感激，一心想报答她。

盖长公主是昭帝的姐姐。昭帝即位时年幼，一直由这个姐姐抚养。昭帝年长后，长公主权势日隆。长公主原来的丈夫是盖侯，所以也被称为盖长公主（2009年，陕西省考古研究院发掘了位于陕西省蓝田县华胥镇支家沟的一处大型墓葬，这座墓曾被认为是荆轲墓。经过专家对墓葬形制、出土文物和墓中遗骸的分析，认为墓主人就是盖长公主）。盖侯死后，长公主与儿子的门客丁外人私通，还生了两个儿子。这成为朝廷大臣心照不宣的丑闻。而上官安为了报答长公主，就想将丁外人封为列侯和光禄大夫，这遭到了霍光的反对。于是两家由亲家逐渐变成政敌。而桑弘羊在武帝时曾经制定盐铁政策，使国家富强起来，他认为自己的功劳无人能比，不甘心屈居霍光之下。为了扳倒霍光，上官桀和桑弘羊联合起来，并且还找到了一个同盟军，这就是燕王刘旦。

刘旦是昭帝的哥哥，他一直认为按照常理，皇帝应该立自己而不是自己的弟弟，谁知道武帝立幼子的决定让他的渴望化为泡影。因此他和上官桀、桑弘羊串通，趁着霍光休假的时候，由上官桀、桑弘羊诈称燕王上书，说霍光调动校尉士兵，怀疑想谋反。

奏章递上去之后，皇帝一点儿反应都没有。上官桀等人猜不透昭帝的底细。第二天，霍光听说有人诬告自己，上朝的时候他不敢面见皇帝，待在大臣处理政务的一间房间里等候处理。昭帝没看见霍光，就向上官桀询问，上官桀回答说，因为燕王告发他造反，他不敢进来。昭帝命令让霍光觐见。霍光进来之后，脱去帽子，叩首表示谢罪。

皇帝说："大将军把帽子戴上吧，朕知道这书信是假的，大将军无罪。"

霍光十分惊奇："陛下怎么知道书信有诈？"

昭帝回答："大将军调动校尉不过是十天前的事情，远在边地的燕王怎么会知道？而且大将军如果真要造反，也用不着动用校尉。"而上奏书的人果然失踪了，被追捕得很紧。

这时候的昭帝只有十四岁。

汉昭帝表现出了与他年龄不相称的老辣和沉稳，识破了上官桀等人的阴谋。

计划失败，上官桀等人非常害怕，决定铤而走险，让长公主置酒宴请霍光，埋伏武士想暗杀他。事情败露之后，霍光诛杀上官桀、桑弘羊等人，燕王刘旦、长公主被迫自杀。从此，霍光更是大权独揽，声震天下。

元平元年，昭帝驾崩，没有留下子嗣。武帝的六个儿子只有广陵王刘胥还在，大臣都建议立刘胥，但是刘胥荒淫无道，武帝在世的时候就不喜欢他，霍光陷入了犹豫之中。经过反复权衡，决定立武帝之孙，袭封昌邑王刘贺为帝。刘贺即位之后，行为十分放纵，据说一个月之内就干了一千一百二十七件不法的事情，于是霍光又与诸大臣商议，废掉了刘贺。刘贺只当了二十七天皇帝，成为汉代在位时间最短的皇帝。后世也有学者考证，说刘贺二十余天干一千多件坏事实在太夸张，其被废的真正原因，很可能是他即位伊始，就想除掉霍光，结果反被霍光先下手了（刘贺被废后，封为海昏侯。2011年，在南昌发现了海昏侯墓，2016年发掘工作结束。墓中出土了竹简五千多枚，包括《论语》、《史记》、《孝经》、《医经》等典籍。有学者认为，这些出土的书籍似乎表明刘贺并非像史书中记载的是一个不学无术、残暴乖僻的人，相反可能是一个热爱学习、喜欢读书的书生。这似乎可以成为刘贺被废是由于与霍光争权失败的一个佐证）。事情败露之后，原来刘贺的大臣绝大多数被杀，他们被绑赴刑场的时候，大多高喊"可惜皇帝没听我们的话，先下手为强"，看来学者们的推断不是没有道理的。

昌邑王被废之后，霍光接受丙吉的建议，立武帝的曾孙，在巫蛊之祸中死里逃生的刘病已为帝，是为宣帝。宣帝即位之后，霍光更是大功臣，他的儿子、侄子、女婿都在朝廷担任要职。皇帝对霍光十分尊敬，霍光每次朝见的时候，皇帝对他谦恭有加；每次有军国要事，都先请霍光谈意见，之后才敢按照他的意见执行。一次宣帝到高庙祭祖，霍光跟皇帝乘坐同一辆车，皇帝心里十分害怕，竟然觉得如有刺在扎自己的背一样，成语"芒刺在背"即由此而来。霍光死后，车骑将军张安世也担任骖乘，跟皇帝同乘一辆车。这时候的皇帝完全没有了霍光在时的紧张，身体也舒展了，表情也安闲了。

霍光执政前后共二十多年，立了三个皇帝，废了一个皇帝，后人评价他忠于汉室，老成持重，知人善任，是一个富有远见的政治家。地节二年（前68年），霍光病重，皇帝亲自看望，并封他的儿子霍禹为右将军。霍光去世之后，皇帝、皇太后亲自临丧，赐给梓宫、便房、黄肠题凑各一具。梓宫就是棺木，便房是墓中供人小坐休息的地方，也是汉代高级墓葬的常见配置。而所谓黄肠题凑，指的是椁室四周用柏木枋（即方形木）堆成的框型结构。黄肠是指黄心的柏木，即堆垒椁室所用的柏木枋木心色黄。题凑是指枋木的端头皆指向内，即四壁所垒筑的枋木与同侧椁室壁板面呈垂直方向，若从内侧看，四壁都只见枋木的端头。这种葬制一般只有帝王一级才能使用，但是汉宣帝却特赐给霍光，可谓备极哀荣。这也是"黄肠题凑"这个词首次出现于典籍。

可是谁又能想到，霍光去世仅仅两年多，霍氏一门就被灭族。

霍光的妻子名显，是个利欲熏心的女人。她不仅与仆人私通，纵奴不法，为了让自己的女儿成君当皇后，竟然还派人毒死了皇帝的结发妻子，当时已有身孕的许皇后。霍光的儿子霍禹也多为不法，宣帝在民间时就对霍氏专权极为不满，霍光死后，皇帝在几个月内陆续将霍氏集团排挤出朝廷，霍禹等人感觉大难临头，阴谋发动政变，事败之后，霍禹被腰斩，显和霍氏女眷被弃市，霍皇后被废，其他被牵连、诛杀的有一千余家。

史书对霍光评价是很高的。《汉书》中说他"受襁褓之托，任汉室之寄，当庙堂，拥幼君，摧燕王，仆上官，因权制敌，以成其忠。处废置之际，临大节而不可夺，遂匡国家，安社稷。拥昭立宣，光为师保，虽周公、阿衡，何以加此！"可是这么一个高大全的人死后家族怎么这么快就被夷灭了呢？

《汉书》把霍氏被灭的惨祸归咎于霍光不学无术，没能很好地教育家人，以至于他阴险的妻子进行邪恶的谋划，把自己女儿立为皇后（阴妻邪谋，立女为后）。也就是说班固把霍氏灭亡的原因归咎于霍家人的骄横不法。但是，即使他们安分守法，难道就会安然万世了吗？恐怕未必。

霍光无疑是功臣。所谓功臣，本来就蕴含了两层含义：一方面功臣多挽狂澜于既倒，扶大厦于将倾，因此是国家不可缺少的栋梁；另一方面，功臣要建立功业，必须要借助权力。而权力的终极拥有者只能有一个——皇帝。当皇帝幼弱的时候，可以暂时把权力"出租"给大臣，而当皇帝长大，皇权稳固时，是没有谁愿意大权旁落到大臣手里的，租出去的东西终究是要收回的，而且还要收租金，连本带利。此时这个人是不是功臣，倒无关紧要了。而权力转手的游戏绝不可能是和平的，因为其本质就是杀伐之权的移交。后世的人们多憧憬传说中尧舜禅让的平和安详，即使传说是实，也只能说明当时的权力对人没有什么吸引力罢了。因为人性中固有的贪婪本性是不会甘心失去既得利益的。所以，权力游戏，本质上就是一场交易，但是，这绝非公平的买卖，而是一场致命的高利贷游戏。当我将权力给你的时候，已经记录下了成本，但当我要收回权力的时候，你将要付出的绝对不只是成本，而是几何级数于成本的高昂代价。

漫话大臣

"臣"在上古指的是男性奴仆，与意为女性奴仆的"妾"字相对。不知从什么时候起，"臣"专指皇帝的官员们，成了一个炙手可热，令人垂涎三尺的位子。

大臣之制确切始于何时，现在已无从查考，不过据史学家们考证，在原始社会末期，社会组织的日益复杂已经使一些部落感到有设官吏进行管理的必要了。于是，掌管水利和工程制造的就封为"共工"；管点火烤肉的就封为"火师"，管耕田的就封为"农师"，掌诉讼的封为"士"，而擅长音乐的就封为"乐正"……不过，这时候的官员（或者说是大臣的初级阶段）纯粹是为人民尽义务，不像后来的官僚们有数不清的特权和好处，可能连最起码的职务津贴都没有，因为连当天子都是一个谁都不想干的苦差事。传说上古的尧可能是觉得当天子太辛苦了，就想把位子让给一个叫许由的隐士，结果把许由吓得躲到更深的山里，再也不敢出来；商代的开国皇帝汤也想把天下让给一个叫务光的隐士，务光干脆抱块大石头投河自尽了，让你一辈子都死了这条心。当皇帝都如此之辛苦，当大臣当然也就不是什么好事了，大禹的父亲不就是当大臣去治水，结果办事不力而被杀掉了吗？

汉高祖刘邦在秦末的乱世中浑水摸鱼，当上了皇帝，儒生叔孙通为他制订了一套完整的礼仪，使这个亭长出身的皇帝终于知道了当皇帝的感觉的确很好。萧何又为他制订了一套完整的职官制度，三公九卿外加一大堆号称"二千石"的高级官吏，朝廷顿时充实了许多。唐朝又设立了"三省六部""九寺五监"，机构越来越大，大臣越来越多，而大臣的特权也越来越多，当大臣，尤其是当上地位高的大臣，也就越来越难了。

据说，能当上大臣的人都不是一般的人。商朝的皇帝武丁有一天做梦梦见一个圣人，叫"说"，醒来之后遍视群臣，没有一个和梦中人一样，就叫人四处寻访，终于在一个盖房子的施工队里找到了这个人，这个叫"傅说"的人后来成了一代名臣。西汉文帝有一天梦见自己想上天却上不去，有一个衣服前后反穿的侍卫在后面推了自己一把，第二天在宫里竟然真的看见一个叫邓通的侍卫衣服前后反穿，于是马上提拔，十分宠爱，以至于赐给他一座铜山，叫他自己铸钱使用。宋朝时，有一种红瓣黄腰的芍药被称为金带围，极为罕见，人们认为此花开则城中出宰相。有一天，韩琦的院子里开了四朵金带围，他就邀请王安石、王珪同赏，随后陈升之不请自来，后来四人皆位至宰相。由此看来，王侯将相的确"有种"。

大臣多了，"物以类聚，人以群分"，于是就有人把大臣分为忠臣和奸臣。

忠臣是不好当的，大禹为了治水，三过家门而不入，小腿上的汗毛都长不出来了。这还不算什么，苏武出使匈奴，被匈奴人扣留，扔到贝加尔湖放羊，一放就是十九年。而忠心为国却被打击的就更冤枉了。西汉朱云在皇帝面前直言不讳地指出丞相张禹是祸国殃民的奸臣，结果被皇帝叫侍卫把他赶出去，朱云抓住宫殿的栏杆不放，把栏杆都拉断了。东汉的张俭反对侯览，被人诬陷，只好到处躲藏，亡命天涯；东汉的杜根上书劝邓太后归政于安帝，被邓太后下令叫人把他装在口袋里摔死，幸好行刑者同情他，没有用力，为了躲避检查，杜根装死三天，眼中长出蛆来，才得以逃脱。清代谭嗣同《狱中题壁》诗中的"望门投止思张俭，忍死须臾待杜根"说的就是他们两个。

忠臣不好当，大奸大恶，恨得人们咬牙切齿的奸臣也不是那么好当的。传说宋朝的大奸臣秦桧谋害岳飞时，曾和他的妻子王氏在东窗下密谋。秦桧死后在地狱里受苦，王氏就请道士来为他超度，道士作法到阴间遇见秦桧，秦桧说："烦传语夫人，东窗之事发矣！"可能秦桧在阳间时，也是天天食不甘味，席不安寝，天天担心"东窗事发"。这样看来，当奸臣的确也不容易。

既然当忠臣不易，当奸臣也很难，为什么还有那么多人挤破头地想去当大臣呢？除了前面说的特权的诱惑之外，还有一个重要原因，就是他们除了可以选择当忠臣或者奸臣之外，还有第三个选择，就是当庸臣。当庸臣不需要忠臣的能力和胆识，也不需要奸臣的阴谋和狠毒，他们不需要像忠臣一样力挽狂澜而流芳百世，也不担心像奸臣一样祸国殃民遗臭万年，不求有功，但求无过，明哲保身，以无为而无所不为，相对说来要容易得多。

西汉的陈万年就是这样一个大臣。有一次他病了，趁机将儿子叫到床前，教他为官之道，说到半夜，儿子实在支持不住了，打起了瞌睡，头撞到了屏风上。老子大怒，拿起拐杖要揍儿子，儿子不服气地说："我知道你教我半夜，大意就是叫我要学会谄媚罢了。"其实这个儿子也未免太年轻气盛了一些，虽说当庸臣相对容易，也并不是每一个人都干得下来的。辛弃疾在《永遇乐·京口北固亭怀古》一词中曾经批评过的当时的权臣韩侂胄，有一次和一群官员去郊游，到了一个山清水秀的地方，韩说："此景如果再有些犬吠声就更好了。"话音未落，几声犬吠马上响起，众人刚想赞叹"此犬甚通人意"，却发现声音就出自前面的矮树丛中，仔细一看，原来是一个官员听到韩的话以后，马上隐身树丛，模仿狗叫。这种谄媚，可就不是人人都能学会的了。

其实当庸臣最重要的不是谄媚，而是恭敬，特别是对皇帝以及与皇帝有关的人或物的恭敬。西汉的石奋就是一个楷模。《史记》中说他"无文学，恭谨无与比"，皇帝赐给他的食物，他必向食物行礼之后，还要匍匐在地上才敢吃。进宫时看见了给皇帝拉车的马，他每次都要俯身按着车横木给马行礼。他儿子石建有一次上奏章，发出之后说："糟了！写错了字！马的腿和尾巴加起来有五个（繁体马字下有四点，再加一弯勾），现在我只写了四个，少了一个，皇帝一定会杀我的头！"石建的弟弟石庆在当太仆时，有一次和皇帝一起出巡，皇帝问他套了几匹马，他用马鞭子慢慢地数了半天才回答皇帝："六匹马。"这已经不算是恭敬，而有些弱智的嫌疑了。可就是这么一家，从石奋到他的儿子们一共有五个人当上了二千石的高官，皇帝就赐他为"万石君"，连司马迁都认为，他的无所事事、尸位素餐就是孔子说的"君子敏于事而慎于言"的表现。

其实，作为大臣，不能辅佐皇帝治理国家，也就是奸臣，并没有什么庸臣的说法。但很早以前就有很多人主张"无过即功"，而不认为"无功即过"，所以在中国漫长的封建社会里，庸臣大有市场。也许，以后也还会有他们的市场。

要人命的"个性解读"

司马迁在《报任安书》里曾经写道，他完成《史记》之后，把正本"藏之名山"，副本藏在京城（藏之名山，副在京师）。有学者认为，藏之名山其实就是收藏在国家图书馆，而副本在京师，其实就是收藏在家里，由家人传下去。司马迁有两个女儿，其中一个嫁给了宣帝时的丞相杨敞，并为他生了两个儿子，大儿子叫杨忠；小儿子，就是杨恽。后代学者认为，《史记》副本就这样通过司马迁的女儿传给了他的外孙：杨恽。

史载杨恽幼时就在母亲的教育下读《史记》，博学多才，长大之后正直廉洁，"以材能称"，因为揭发霍光谋反而被封为通平侯，官拜中郎将。但是他性格刻薄，喜欢揭发别人的隐私，以此来证明自己高人一等，得罪了不少人，其中就包括汉宣帝在民间时的好朋友，太仆戴长乐。

当时有人上书向皇帝揭发戴长乐，戴疑心是杨恽主使，所以也上书告发杨恽多条罪状，大致有如下几条：

一、前几天高昌侯的车在宫门撞坏了，杨恽对富平侯张延寿说："以前有车也是这样在宫殿里撞毁的，结果昭帝驾崩。现在又出了这样的事情，看来是天数。"

二、杨恽到西阁观看历代皇帝画像，指着桀纣的画像对别人说："当皇帝的，向他们询问一下治理国家的过失，就是找到师傅了。"

三、匈奴单于被手下杀死，杨恽说："君主不肖，不听臣下的建议，结果自己身首异处，就像秦朝任命小人导致灭亡一样，古今的君主都如一丘之貉。"

……

还列举了杨恽的若干条罪状，最后下结论：杨恽妄引亡国之君以诽谤当世，是大不敬，应该严惩。皇帝派廷尉于定国审理此案，最后把杨恽废为庶人。

杨恽回家之后，买田置地，歌舞宴饮。他的朋友孙会宗给杨恽写信劝谏他，说大臣被废黜，应该闭门思过，做出可怜的样子，而不应该治产业、通宾客。杨恽写了一封回信，这就是有名的《报孙会宗书》，在信里杨恽写道：

"我家富贵的时候，担任高官的有十多个，那时候我没能帮助皇帝治理天下，不能和同僚齐心协力，已经是失职了……现在我被废为庶人，保全了性命，快活得忘掉了自身的罪过因此亲自率领妻子儿女，努力耕地，交纳赋税，没想到却因此被您批评。

"我的老家本在秦地，我善于演唱秦地的民歌。我妻子是赵国人，善于鼓瑟，奴婢中也有些能歌善舞的，酒酣耳热，我击缶唱歌：'田彼南山，芜秽不治，种一顷豆，落而为萁。人生行乐耳，须富贵何时！'……"

据说，皇帝看到这封信之后十分恼怒。正好当时发生了日食，于是就有官吏告发说，"发生日食，是因为罪人不悔过而导致的"，敢情杨恽的牢骚已经影响到了太阳系的正常运行，最后，皇帝判杨恽腰斩，妻子儿女发配敦煌。

《古文观止》说这封信"纯是怨望，何谩骂至此"，在下愚鲁，只看到文字里有些牢骚，实在没看出信里有什么谩骂，好在有后世高人，三国时的张晏诲人不倦，给我们耐心解读：

"山高而在阳（山南为阳），人君之象也。芜秽而不治，言朝廷之荒乱也。一顷百亩，以喻百官也。言豆者，贞实之物，当在囷仓（粮仓），零落在野，喻己见放弃也。萁曲而不直，言朝臣皆谄谀也……"

这种"解读"，看了让人直冒冷汗：原来杨恽罪不可赦！他的罪就在于种植的作物有罪，种植的面积有罪，种植的地点也有罪……原来，他的每一个词都满怀着对朝廷的刻骨仇恨，对皇帝的极端不满。原来，陶渊明《饮酒》

中的"种豆南山下，草盛豆苗稀。晨兴理荒秽，戴月荷锄归"，竟然不是简单地抒发田园闲适之情，而是对朝廷的疯狂诅咒……

张晏的解读是否就是宣帝时官员们对《报孙会宗书》的解读我不知道，但是想来汉代的解读不会比三国时候的解读更"肤浅"，不然杨恽也不会惨遭杀身之祸。而值得注意的是，这样要人命的解读肯定不是皇帝独立做出来的，皇帝日理万机，哪里有闲工夫来琢磨某人文章里面的微言大义！做出这些解读的，其实都是皇帝的大臣们，按照中国"学而优则仕"的传统，也就是那些知识分子们。

从秦始皇"焚书坑儒"开始，中国的知识分子就被敲断了脊梁骨，之后在大一统的大好形势之下，又被一步步打断了膝盖，挑掉了脚筋。知识分子独立的人格已经不复存在，在专制制度的重压下，读书人日益臣妾化、奴才化。而作为臣妾和奴才，谁能拥有主子更多的宠爱，谁就拥有了飞黄腾达的资本。为了争宠，文人之间的攻讦之风成为传统，这种攻讦之风被文质彬彬地称为"文人相轻"，其实说难听点，就是狗咬狗。而在别人的文章中寻章摘句借题发挥，进行"个性解读"，就是攻讦的常见手段，从这个角度说，使知识分子日益臣妾化、奴才化的，其实就是知识分子自己。遭遇这种要人命的解读而倒霉的，杨恽绝不是第一个。因为在他以前，就有了盖宽饶的文字狱案，何况他自己也"好发人阴伏"，所以虽然他结局悲惨，但绝对不是无辜的羔羊。杨恽当然也决不会是最后一个。

最可爱的人

汉代的京兆尹是长安及其附近地区的最高行政长官，相当于现在的北京市市长，这一职位设立于汉武帝太初元年。京兆在汉时被形容为辇毂，意思是在天子的车轮之下，也就是处在天子脚下，各种关系错综复杂，当这个官，其难度可想而知。宣帝时赵广汉担任京兆尹，史载"京兆政清，吏民称之不容口"，认为从汉代建立以来，他是最好的京兆尹。但他后来得罪权臣，结果被腰斩，死的时候吏民数万人为他请命，还是未能改变他悲惨的结局。赵广汉被杀后，朝廷更换了几届京兆尹，都不称职，长安治安极其混乱，这时，宣帝下诏，任命前胶东相张敞为京兆尹。

张敞字子高，是河东平阳人。他一上任，就深入群众察访，了解到，长安盗贼的几个大头目，平时都表现得温厚娴雅，带着随从，大家都以为他们是社会名流，根本没想到是小偷老大。张敞掌握了他们违法犯罪的证据，不动声色，派人分头把他们全都招到府中，让他们把手下的小偷全部抓来赎罪。这些盗贼头子说：

"今天大人把我们全部召进府中，恐怕那些小偷都知道了（肯定会有所怀疑，我们也不能继续违法犯罪了），如果允许我们权补吏职，我们才能按您说的做。"

于是，张敞把他们全部任命为吏，让他们回去休息。那些小偷知道老大都混成国家干部了之后十分高兴，都来庆贺。等到大家都喝醉了之后，小偷头子偷偷用红色颜料在小偷的衣服上做好标记，等到席散的时候，衙门的官吏就坐在巷子门口检查过往人等的衣服，只要看见有红色标记的就抓起来，一个都不漏，一天就抓住小偷几百人。从此之后，长安的治安状况得以根本扭转。

《汉书》说张敞"治《春秋》，以经术自辅"，可这种智慧又颇有些游戏性质的捉贼方法，恐怕不是那些腐儒们能想得出来的。他的可爱显然不只是在治理能力方面，汉代能吏众多，相比之下，张敞的确不能算最出众的，他给人留下印象更深的，也许是他的个性。

史载张敞"无威仪"，也就是有点不拘小节。有时候散朝之后，他不肯老老实实地坐在车上，让随从前呼后拥着回家，而是让车夫驾车，自己骑马回去。这在当时是不守礼法的事情，他就经常拿个东西把脸遮住，不让别人看见，这种掩耳盗铃式的小把戏当然是一般公卿大臣所不齿的。而更有趣的是，张敞还喜欢为妻子画眉，估计水平还相当高，因为当时长安妇女界都公认张敞画的眉十分漂亮。一时间，他竟然领导了女子美容的新时尚。当然，人们更羡慕的是他们夫妻之间的柔情蜜意。乃至于后人经常用"张敞画眉""京兆画眉""张敞画""京兆画""张敞眉""京兆眉"等来表现夫妇恩爱之情，用"画眉张敞""画眉夫婿""画眉张""画眉敞""画眉客"等词来形容多情丈夫。后人诗作也经常以此为题材，如范成大的"只烦将到妆台下，试比何如京兆画"，孔尚任的"天子多情爱沈郎，当年也是画眉张"都是有名的佳句。明朝陈继儒更是不无感慨地叹道："弄绿绮之琴，焉得文君之听；濡彩毫之笔，难描京兆之眉。"连唐玄宗李隆基在词作里都借用张敞的典故来夸赞少女的美貌："眉黛不须张敞画，天教入鬓长。"后人都以此表达自己对夫妇心灵相通、感情深挚的向往。可这种行为显然也是卫道士们不能容忍的，有官员就据此弹劾张敞不顾大臣身份。皇帝召见张敞责问他，张敞的回答更是妙绝：

"陛下，臣听说闺房之内，夫妇私情，有些事情比画眉还要过分呢。"

这种明目张胆将儿女私情凌驾于大臣威仪之上的观点，大概是皇帝从来没有听到过的。皇帝因此哭笑不得，但是又爱惜张敞的才能，最后也没有追究。

有个性的人大多也有脾气，而且脾气还不小。张敞就因为自己的脾气丢了一次官。

张敞担任京兆尹九年，一直没有升官。而以前与他一起被提拔的于定国都当丞相了，他还不过是个郡守。后来，司马迁的外孙杨恽因为写了那篇著名的《报孙会宗书》而被指大逆不道，惨遭腰斩。有大臣就上书说张敞与杨恽交好，不应该身处大位，应该免职。相关人员的处罚决定都下来了，却只有张敞的一直没下来，大概是皇帝爱惜张敞的才能，不忍心处理。但是这时候却有些自以为料事如神的人过早地见风使舵，最终让自己下场悲惨。

这个人是张敞的手下，名字叫絮舜，职责是抓捕盗贼。

絮舜受张敞之命抓盗贼，已经取得了重要进展，但他却撂挑子不干，私自回家了。有人劝他还是该把案子了结了，絮舜说："我为张敞尽力已经很多了，现在他被弹劾大概只能做五天的京兆尹了，怎么还能再处理我私自逃跑的事情呢？"张敞听说后大怒，马上派人把絮舜抓捕入狱，因为当时只有几天就要立春了，按照惯例，春天是不能杀人的，所以张敞严令手下不分昼夜审理絮舜的案件，最后判处絮舜死刑。

絮舜临刑前，张敞还派主簿调侃他："五日京兆又怎么样？冬天已经完了，你还能活命吗？"

絮舜被杀那天正好立春，絮舜的家人抬着絮舜的尸体向朝廷告发张敞滥杀无辜。使者上奏皇帝，皇帝还是爱惜张敞的才能，因为如果就此事处理，张敞很可能会被判死刑，皇帝就以交好杨恽的罪名，将张敞贬为庶民。

张敞被免几个月之后，京师的治安又趋于恶化，而冀州更是出现了大贼。皇帝想起张敞的能力，就派使者召张敞。张敞的家人听说使者到来都以为是张敞大限将至，相聚恐惧号泣，张敞笑着说："我现在已经是庶民了，要是皇帝要杀我，派个郡吏就可以了，现在来的是使者，说明皇帝又要重用我了。"

见到皇帝之后，张敞首先承认了自己杀死絮舜的错误，也解释了杀絮舜的原因，然后被任命为冀州刺史。张敞一上任，就迅速控制了局面，冀州盗贼禁止，之后任太原太守，太原为之清明。张敞的能力之强，可见一斑。

张敞不仅因为能力而可爱，也因为他的个性而可爱，更因为他的情趣而可爱，但是，最可爱的，还不在此。

昭帝去世之后无嗣，霍光等大臣迎立昌邑王刘贺为皇帝，但是刘贺所为不道，仅当了二十七天皇帝就被废了。宣帝即位之后，对曾经当过皇帝的昌邑王还是有些顾忌，就下密诏给当时任山阳太守的张敞，叫他刺探昌邑王的情况。张敞进行了多次调查，写了一份详细的报告，从昌邑王的长相、神态、他与昌邑王的对话内容到家人的情况都进行了详细的汇报，最后得出一个结论：昌邑王神志混乱，近乎白痴。

张敞的结论是否符合事实，这并不重要，重要的是，他得出的这个结论让刚即位的皇帝终于安心，不再将昌邑王视为帝位的威胁者，也就成功地保护了当时已是丧家之犬的昌邑王。而在这里，我想引用另外一则史料：

王铚《默记》说了这样一件事。南唐灭亡之后，后主李煜沦为阶下囚。宋太宗即位，派李煜以前的大臣徐铉去探望后主，徐铉在后来给皇帝的报告中写道，李煜见了我就大哭："后悔不该杀了潘佑、李平（南唐大臣——笔者注）两个！"在此之前，宋太宗已经看到李煜"小楼昨夜又东风，故国不堪回首月明中""问君能有几多愁，恰似一江春水向东流"等诗句，于是，赐李煜牵机药，命其自杀。

史载，牵机药是一种毒性十分强烈的毒药，吃下去后，头部开始抽搐，最后与足部佝偻相接而死，死了以后身体还在抽搐，眼睛大睁，面目狰狞。不知道，曾为李煜臣子的徐铉，如果看到李煜死时的惨状会做何感想！同为天子派遣刺探情况的使者，张敞与徐铉的出发点显然是不同的。张敞是如实汇报，然后在权限范围之内尽力去保护昌邑王；而徐铉则是突出李煜的"贼心不死"，以此警告皇帝，显示自己的"警惕性"，表白自己对新主的忠心，邀取君王的宠爱。而就是这个徐铉，在李煜死后受命为其撰写挽词诗，里面还有"受恩无补报，反袂泣途穷……此生虽未死，寂寞已销魂"一类的词句，来表现自己的"哀恸伤感"。这就更让人不齿了。

王夫之在《读通鉴论》中将张敞和徐铉两人进行了对比：

宣帝有忌于昌邑，使敞觇之，敞设端以诱王，俾尽其狂愚之词，告之帝而释其忌，复授以侯封。……宋太宗使觇煜。而以怨望之情告，煜以之死。

——《读通鉴论》卷四

翻译过来的意思是：宣帝对昌邑王还有顾忌，让张敞去探视，张敞设问题引诱昌邑王，让他尽说些愚不可及的话，并转告皇帝，让皇帝对昌邑王放心，还给昌邑王加封。……宋太宗让徐铉去探视李煜，而徐铉却告诉太宗李煜心存怨恨，导致李煜被杀。

王夫之更斥责徐铉：

铉即稍示意旨，使煜逊词，夫岂必逢太宗之怒；则虽为降臣，犹有人之心焉。铉遂躬为操刃之戎首而忍之，独何心乎！

——同上

意思是说，徐铉如果稍微暗示一下李煜，让他多说些谦卑臣服的话，然后再把这些话报告太宗，怎么会一定碰上太宗发怒（置李煜于死地）呢？这样一来，他虽然是投降的臣子，也还算是有些人心。可是徐铉却充当了那个手持利刃亲手杀害故主的人，这有多残忍！他安的是什么心？

就在张敞访昌邑王数年之后，另一位叫孙万世的官员也去探访昌邑王，而从他对昌邑王提的问题就可以明显看出他的居心。孙万世问：

"从前你被废黜的时候，你为什么不坚守岗位，拒不出宫，斩杀大将军霍光，却任由人夺去了你的印绶呢？"

昌邑王显然智商不高，回答说：

"当时就该这样做啊！可是我没有抓住机会啊！"

孙万世又继续引诱：

"您现在只是暂时在豫章待着，以后肯定还要成为列侯吧？"（暗示还可

东山再起——笔者注）

昌邑王仍然不知深浅地回答："那是自然。"

孙万世拿着这证据喜滋滋地奏明皇帝，皇帝下诏削去昌邑王封地三百户。不久，昌邑王莫名其妙地死掉了。

多年前，第一次知道张敞的名字，是因为著名的画眉典故。多年之后，再次看到张敞传的时候，我不知道如何评价他，只有一个不伦不类的词：可爱。他的可爱，不仅仅在于他的能力杰出和智慧超群，也在于他的个性突出和感情深挚，还在于他发自内心的善良，对弱者的同情。所以，当官的张敞是精明的、干练的；散朝的张敞是随意的、闲散的；画眉的张敞是情趣的、生活的；而访昌邑王的张敞则是善良的、同情的。于是，张敞走下神坛，走出历史，他的身上少了很多装模作样的官员味，少了很多迂腐陈旧的学究味，少了很多不食人间烟火的大人、先生味，而多了学者式的智慧味，孩童似的天真味，情人式的情趣味，还有，作为人的最重要的人情味。于是，在我眼中，他成为西汉历史中最值得喜爱、值得亲近、值得敬爱的最可爱的人。

张敞担任京兆尹九年，期间他的仕途虽然也有过一些小波折，他也因为自己的个性最终没有当上丞相。但是总体看来，结局还是圆满的。元帝即位之后，曾经想征他担任左冯翊，但是他正好去世了。我猜他即将寿终正寝的时候一定长出了一口气——终于得以善终了！因为他肯定明白，自己担任的京兆尹这个职位有多么的危险，而比起他的一些前后任，得以善终的他又是多么幸运。

高危职位

虽然京师从地理上说只是一个地点，与其他的地方并无本质的不同，但是因为国家建都在此，所以从政治、经济、文化上自然与别处区别很大。而对京师的治理自然也是王朝重点考虑的问题。

秦代时就专设了内史管理京师，汉武帝时分置左右内史。太初元年（前104年）又改右内史为京兆尹。汉代管理京师的主要有三个官员：京兆尹、左冯翊、右扶风。而其中以京兆尹地位最为重要。

京兆在汉代被称为"辇毂"，意思是天子车轮之下。这里权贵众多，关系复杂，其治理难度远非一般地方可比。因此担任京兆尹表面看上去很风光，实际上却必须战战兢兢如履薄冰，稍不留意便会祸从天降。前面说到的张敞曾经做过九年京兆尹，最后得以善终，算是十分幸运的了。因为他的不少同僚都由于各种原因而身败名裂，比如赵广汉和韩延寿。

赵广汉字子都，是涿郡蠡吾人。年少的时候就担任郡吏和州从事，以廉洁聪明、礼贤下士而闻名。后来陆续担任过一些县令官职。由于治理地方成绩优异，先被升迁为京辅都尉，之后代理京兆尹。

京兆掾杜建自恃资格老，交游广泛，骄横不法，他的门客也肆无忌惮触犯法律。赵广汉上任前先警告杜建，但是杜建充耳不闻，赵广汉毫不留情将他扔进了监狱。一时间，说情的宾客填塞门户，而赵广汉不为所动。杜建的门客见软的不行，决定强力劫狱。而他们的计划已经被赵广汉打听得一清二楚，他警告说："如果你们敢劫狱，我就灭你们的族！"之后，他只让几个小吏押着杜建上刑场执行死刑示众，杜建的党羽没有一个敢动。这件事让赵广汉威震京师。

之后，赵广汉被任命为颍川太守。颍川多豪强大族，他们相互结为姻亲，关系牢固，盘根错节。赵广汉到任之后，首先分化瓦解，选择豪强中可以任用的人，让他们为自己提供情报。之后又故意泄露他们的姓名，让豪强内部相互仇视。同时，设置检举箱，一旦收到检举信，就把姓名隐去，伪托是某个豪强写的信，这样一来，豪强大族互相成为仇敌。官吏百姓互要揭发暗地里做过的坏事，赵广汉轻松掌握了所有情报，邪恶的党羽解散了，颍川风俗为之一改，他的名声也流传出去，甚至匈奴投降的人也说匈奴那里都知道他了。

就在赵广汉担任颍川太守的第二年，本始二年（前72年），赵广汉奉命带兵出击匈奴。从军回来之后，再次被任命为京兆尹。

即便是担任二千石的高官，赵广汉礼贤下士的作风还是没有变。《汉书》说他"以和颜接士……殷勤甚备"。工作有了成绩，他总是归功于手下："这件事是我手下某某做的，他的才能我可比不上。"他并非嘴上说说而已，而是行动也发于至诚。所以手下都愿意为他所用，即便送死也不会回避。

赵广汉也很能知人。他手下的才能他心里都很清楚，也就能够知道他们是否尽力。如果有辜负他的，他会首先口头劝喻；如果不改，立刻收捕，无人能逃。而受罚的手下也立刻认罪，从不逃避。

赵广汉似乎天生就是做官员的料。他精力充沛，接见手下和百姓可以通宵达旦，让人惊讶。而他最擅长的就是推理。

《汉书》说赵广汉"尤善为钩距，以得事情"。这里的"钩距"其实就是推理。如果赵广汉想知道马的价格，他会先问狗价格，之后再问羊，又问牛，最后才问马，然后将各个价格进行对比，就能大致不差地知道马的真实价格。这种手段别人也想模仿，但是赵广汉却一直被模仿，从未被超越。他将这种能力运用于治理上，几乎成了西汉的福尔摩斯。

一次，长安有几个少年聚在一间空屋子里预谋抢劫，还没等他们商量完毕，赵广汉的手下就来抓捕他们了。

有一个叫苏回的人很有钱，他也在朝廷当郎官。两个劫匪劫持了他。很快，赵广汉就带着手下赶到劫匪的家里，站在庭院里，让手下敲门对劫匪说："京兆尹赵广汉先生问候两位了！你们不要杀死人质，这位是宫廷警卫官员。你们立即释放人质束手就擒，赵京兆会善待你们。万一你们碰上大赦，还可以活命。"

两个劫匪十分震惊，又久闻赵广汉大名，马上开门释放人质。赵广汉竟然跪谢劫匪："幸好你们释放了郎官，你们对我太好了！"

两个劫匪被关入监狱，赵广汉谨守承诺，给予他们很好的待遇。到冬天，劫匪要被处死了，赵广汉预先为他们准备棺木和收殓下葬的用品。两名罪犯都说："死了也没什么遗憾了！"

赵广汉的信息之灵通有时候到了匪夷所思的地步。

一次，他召见湖都亭长议事。路上湖都亭长遇到了界上亭长，界上亭长开玩笑说到了京兆府，替我问候赵明府。湖都亭长到了之后，跟赵广汉交谈，事情完毕，正要走，赵广汉说："界上亭长不是叫你转告问候吗？你怎么没有转达？"亭长大惊，叩头承认确有此事。赵广汉又说："替我谢谢界上亭长，让他认真工作，我不会忘了他的。"

在赵广汉的治理下，京兆政治清明，吏民交口称赞。年纪大的人们说自从汉朝建立，治理京兆没人能比得上赵广汉。赵广汉也是踌躇满志，他甚至觉得左冯翊和右扶风的治理太差，以致罪犯经常跑到自己地界捣乱，长叹说："搞乱我的治理的就是这两个地方！要是让我同时治理二辅，简直就完美而简单了！"

此时的赵广汉已经处于人生的巅峰，却不知道大祸正在朝自己悄悄逼近。

长安是皇亲国戚聚集之地，关系复杂。而赵广汉的工作不可避免要触犯到一些人的利益。由于他仕途一帆风顺，自我也渐渐膨胀，做出的一些事情甚至让皇帝都觉得"过为已甚"。

赵广汉原先侍奉霍光。霍光去世之后，霍家失势。赵广汉知道皇帝迟早要收拾霍家，于是自己先带人冲进霍光的儿子霍禹家中，借口搜查私酒私屠，把霍家坛坛罐罐砸得稀烂，还用斧子砍坏了霍家的大门。那时候，霍光的女儿还是皇后，知道此事后向皇帝哭诉。虽然皇帝心里支持赵广汉，但是这种过河拆桥的手段却让其他权贵心寒，这也给赵广汉的覆灭埋下了祸根。

事情是由一件很小的事情引发的。

此前，赵广汉的一个门客在长安集市酿私酒（就是赵广汉指控霍禹的罪名，由此看来他自己也并不清白），丞相魏相的手下知道后把这个门客驱逐了。门客怀疑是一个叫苏贤的人告密，就把这事告诉了赵广汉。赵广汉知道后就唆使手下审查苏贤，说苏贤本是霸上的骑士，却没有到驻地，违反军令。苏贤父亲知道后上书为苏贤辩冤，同时指控赵广汉的罪行。这事后来经过朝廷调查，赵广汉有罪，赵被贬官一级。

赵广汉阴沟里翻船，当然愤愤不平。他认定苏贤和他爹没这能力，一定是有人指使他们。赵广汉认为是跟苏贤同村的一个叫荣畜的人。于是，他找了其他借口把荣畜杀了，立刻就有人告发赵广汉枉杀无辜。

事情越闹越大，案子交到丞相御史处审理，追查得很急。赵广汉派人天天守在丞相府门口，探听丞相有没有什么不法的行为，好拿做把柄。而赵广汉终于等到的一个机会却为自己敲响了丧钟。

一天，丞相府里一个侍女犯错自杀死了。手下把此事报告给赵广汉，赵广汉认定是丞相夫人杀了侍女。他以此胁迫丞相，让后者不要对自己紧逼不舍，可是丞相不听，追查得更急了。赵广汉上书皇帝告发，皇帝下诏让京兆尹赵广汉审理此事。赵广汉得到诏书之后率人冲进丞相府，让丞相夫人跪在庭院中接受审讯，又抓了十多个奴婢回去问话。丞相魏相也大怒，上书说赵广汉侮辱大臣。赵广汉审问了丞相奴婢，证明侍女并非丞相夫人所杀，而是自己犯错，出内府自杀的。

此时的赵广汉败局已定，而司直萧望之则给骆驼背上添了最后一根草。萧望之上书说赵广汉"摧辱大臣……不道"。宣帝下旨将赵广汉投进监狱，而此前赵广汉得罪权贵太多，此时他的罪名像雪片一样累积起来，终于被判处腰斩。

赵广汉临刑的时候，数万吏民守着府门哭泣，有人还说："我活着也对国家没什么用，愿意代替赵京兆去死，让他继续牧养小民。"

赵广汉被百姓追思是因为他为官清廉，而且不畏豪强，让百姓安居乐业。直到班固所在的东汉，百姓还在歌颂他的恩德。不过作为官员，尤其是首都市长，能否爱民如子，能否清正廉洁似乎并不重要，重要的是千万不能得罪权贵。否则，赵广汉就是"榜样"。

赵广汉治理京兆的思路基本属于法家，也就是主张严刑峻法，这也是他最后身败名裂的原因之一。而他的一个同僚用的则是儒家的温良恭俭让那一套，其结果竟然与赵广汉如出一辙，这个人叫韩延寿。

韩延寿字长公，是燕地人。他父亲叫韩义，是燕国的郎中。燕王刘旦与上官桀等谋逆的时候韩义力谏，结果被燕王处死。燕王造反势力被扑灭后，魏相上书皇帝，说韩义因忠心劝谏被杀，应该赏赐他的儿子，以示天下。当时执政的霍光表示支持，于是韩延寿被任命为谏大夫，之后转为淮阳太守，因为他治理政事成绩优异，又被转为颍川太守，成为赵广汉的继任者。

赵广汉在颍川的时候，采取分化瓦解的办法，鼓励豪强互相告密，以此获得自己需要的情报。但也因此让颍川的风俗变得极为不堪，吏民互相监视互相结仇。韩延寿到任之后想改变这一现状，就招来乡里的长老一起饮酒聊天，嘘寒问暖，同时让他们互相之间解除仇怨，冰释前嫌。

韩延寿从小学习儒家经典，他的治理方式也是按照儒家的礼仪进行的。他为百姓制定了婚丧嫁娶的礼仪、祭品等级，等等，让他们不能超过法度，同时让郡里学校的诸生穿着礼服给百姓主持相关典礼，百姓都遵守他的教化，颍川风俗为之一改。

《汉书》说韩延寿治理"上礼义，好古教化，所至必聘其贤士，以礼待用。广谋议，纳谏诤"。他到处兴办学校，以儒家礼仪教育百姓，手下也乐于为他效命。因此只要治内有任何风吹草动，官吏就能及时知道，报告上级。

如果有人辜负了他，他不会像赵广汉那样依法处置，而是先自己深刻检讨："难道是我辜负了下属吗？他们怎么会做这样的事情？"而他的自我检讨往往能令犯错者更加无地自容。他的县尉就因自责而自杀身亡，他门下的一个掾吏也因犯错而自杀，幸好被人救下，但是因为喉咙受伤从此无法再说话了。

韩延寿的有些轶事简直就是标准的儒家教科书。

一次，他要出门，正要上车的时候手下一个人迟到了，韩延寿按照规定要属下对他进行惩罚。回来后到府门的时候，车被守门人拦下，守门人说："今天您要出门，正好那个手下的父亲来了，不敢进来。他听说之后就去拜谒自己的父亲所以迟到了。因为孝敬父亲而被罚，这不是有违大人的教化吗？"韩延寿听后说："要不是你，我都不知道自己的过错。"回府后召见了这个门卒，后来重用了他。

之后，韩延寿担任代理左冯翊，一年之后转为正式职位。上任一年多，他不愿下去巡查。手下劝他出去，他说："每个县都有尽职尽责的县令，我去只是给百姓增加负担。"手下说现在正是春耕时节，您还是应该出去一下勉励耕桑。韩延寿不得已出去，走到高陵的时候，遇见百姓两兄弟打官司争田地。韩延寿十分伤心，说："我当地方官，百姓骨肉打官司，这是我的责任。"他回去就称病不上班，住在旅社中闭门思过。整个县的人都不知道出了什么事。手下、三老都把自己捆起来待罪。这时候打官司兄弟的族人都责备两兄弟，两兄弟也十分悔恨，自己像犯人一样剃了头发肉袒谢罪，愿意把田地让给对方，至死不再争执。韩延寿这才大喜，打开房门接见诸人。

韩延寿治理左冯翊，由于他待下以至诚，所以吏民都不忍欺骗他，百姓对他十分拥戴。可是这也没能避免他最后悲惨的结局。

韩延寿在左冯翊的前任就是萧望之。这时候萧望之已经升任御史大夫了。有人向萧望之打小报告，说韩延寿任东郡太守的时候曾经擅自花费公家的钱一千多万。萧望之跟丞相丙吉商量此事，丙吉认为这件事在大赦之前，可以不必深究，但是萧望之却坚持追查到底。

韩延寿听说之后，马上上书告发萧望之在左冯翊时擅自花费官钱一百多万，可是追查之后，发现并无此事。而萧望之派遣御史查韩延寿，发现了他花费如此之大的缘由。

原来，韩延寿在东郡每年大试骑士，排场之大，耗费之繁，几乎拟于皇家。这样，韩延寿在亏空公款之外又多了一个要命的罪名——僭越不道。

在萧望之的建议下，朝廷公卿讨论此案，公卿们认为韩延寿犯法在先，之后又诬告大臣，欲借此脱罪，狡猾不道。皇帝也十分厌恶，判处韩延寿罪当弃市。

所谓弃市，就是在人众多的地方处决人犯，以示与人共弃。而韩延寿临刑那天却是另外一番景象：数千百姓扶老携幼送韩延寿的囚车到渭城，百姓们攀着车轮，争着给韩延寿进献酒肉。韩延寿不忍心拒绝，每个进献的酒他都喝，一路上喝酒一石多。临刑前，他让以前的手下向百姓道谢："让你们远道而来，辛苦了，我韩延寿死了也没遗憾。"百姓莫不流涕。

韩延寿死到临头才明白，京兆尹、左冯翊、右扶风都是高危岗位。不仅如此，踏入仕途也就意味着踏入了危险。韩延寿有三个儿子，本来都担任郎吏。韩延寿临死的时候，告诫儿子们以自己为戒，不要踏足仕途。三个儿子都听从了劝告，辞官不做。

站在百姓的立场，赵广汉和韩延寿都是好官。他们清正廉洁，爱民如子，礼贤下士，而且能力超群，治理水平高超。可惜官员的判定并不是由百姓决定，而是由皇帝或者权贵决定的。某种程度上，百姓最看重的恰恰是皇帝和权贵最不在乎的。他们真正在乎的只是你在治理过程中有没有损害到他们的利益，如果没有，即便你贪腐成性，弱智成痴也是好官；反之，即使你廉洁清正，能力超群也会成为他们的眼中钉，必将除之而后快。

犯我强权者　虽远必诛

在中国几千年历史中，与北方、西方少数民族政权的矛盾乃至战争一直就是困扰中原政权的一个大难题。早在《诗经》里，就有"薄伐严允"的记载，说明那时候中原政权跟少数民族已经发生了战争。即便是后来战国群雄争霸时期，韩、赵、魏等国家一方面要防备秦楚齐等强国的进攻，另一方面还要警惕北方匈奴的侵扰，所以他们都在自己的北方和西北边境修建了长城。秦灭六国之后，又将这些长城连接起来，继续防备匈奴，还派大将蒙恬"却匈奴七百余里，胡人不敢南下而牧马（贾谊《过秦论》）"。

而对胡人作战也是艰难万分的，且不谈后世北宋灭于金，南宋灭于蒙，明朝灭于满，就算是以文治武功彪炳于世的皇皇大唐，也曾多次受到突厥、吐蕃的侵扰。西汉建立之后，高祖刘邦曾经率领三十万大军，御驾亲征出击匈奴，希望毕其功于一役，谁知道弄巧成拙，反被单于围困在白登山，差点全军覆没。回来之后，不得已采取和亲政策，希望能用血缘软化蛮夷，以求相安无事。

可惜血虽比水浓，却浓不过利益。得了好处的匈奴人并没有收敛，还是不时侵扰中原。到汉武帝的时候终于举全国之力，派卫青、霍去病等反击匈奴，取得巨大成功，但代价也是巨大的，有资料说三十年对匈奴作战使"海内虚耗，户口减半"。战争使匈奴基本停止了大规模入侵，可不管是卫青还是霍去病，李广还是程不识，都没有彻底击败匈奴，更没有俘虏或者杀死单于。即便如此，卫青、霍去病也被封侯授爵，荣宠无比。

但是，汉代还有一个将军，没有耗费国家一分金银，没有动用国家一兵一卒，却深入敌营，斩杀单于，扬威万里。他建立盖世奇功后，没有得到应有的封赏，反而一直被贬抑雪藏。

这个人叫陈汤。

陈汤字子公，是山阳县人。《汉书》说他从小喜欢读书，见识广博，智慧通达，善于写文章。但是这个人显然不安于做一个刀笔小吏，而有更大的抱负。无奈家境贫寒，他的才能并不为州里的官员所赏识。

看不到前途的陈汤离开家乡，到长安求官，费尽心机，做了一个太官献食丞的小官，也就相当于御膳房端盘子的。后来陈汤认识了富平侯张勃，后者很欣赏他，向朝廷举荐他为茂才。本来这应该是陈汤一个翻身的机会，谁知道一件事让他功败垂成。

汉代号称以孝治天下，对孝道十分看重。就在陈汤等待官职的这段时间，他父亲去世了。而他居然不回家奔丧，这在古代是大逆不道的。因此，司隶弹劾陈汤，陈汤被关进了监狱，还连累了推荐自己的张勃。因为张勃此时正好去世，于是皇帝赐他谥号"缪侯"。根据《谥法》，"名与实爽曰'缪'"，这显然是在斥责张勃举人名实不副，对他的谴责连他死了也不放过。

陈汤蹲了一段时间监狱之后出来，又被人推荐为郎官。之后为了将功补过，他多次请求出使西域。每次出使，他都找机会登高临远，探查地形，了解当地风俗，因此对西域情况十分熟悉。后来，他被任命为西域副校尉。这时，一个改变他一生的机会到来了——他受命与甘延寿一起出使西域。

在此之前，经过武帝时期对匈奴的用兵，匈奴已经不复以往的强悍，而是分裂为五部，五部各立单于，称为五单于。其中呼韩邪单于和郅支单于都表示了对汉朝的臣服，并派遣子弟作为人质。之后，呼韩邪单于率民众亲自入朝，正式臣服大汉。而郅支单于则是心怀二志。他趁着呼韩邪单于投降中原，接连攻破了呼偈、坚昆、丁令三个部落，势力逐渐强大。之后他以为汉朝对自己鞭长莫及，多次困辱汉朝使者江乃始等人。

初元四年（前45年），郅支单于派使者到汉朝，请求带回此前在汉朝做人质的王子。朝廷商议派遣卫司马谷吉送王子回匈奴。至于送到何处为止，朝廷内部产生了争议。御史大夫贡禹和博士匡衡认为，郅支单于显然怀有二心，而且距离遥远，派使者送到边境就可以回来了。而奉命出使的谷吉却表现得大义凛然，他上书说，大汉帮他养了十年王子，对匈奴也算有恩。这次如果不送到家门口就回来，就有与匈奴决绝的姿态。他们可以不仁，我们不能不义，我主张一直送到单于处。如果单于敢加害于我，他肯定会畏罪远逃，不敢再骚扰边境。用我一个使者的生命来换取百姓的安宁，这是为国家考虑。皇帝把谷吉的上书给朝臣看，贡禹还是坚持己见，认为谷吉可能被单于羞辱，导致国家受辱。但是右将军冯奉世认为谷吉有道理。最终，皇帝允许了谷吉出使匈奴。

谷吉送王子到了郅支单于处，郅支单于果然桀骜不驯，竟然杀了谷吉。谷吉虽死，他的预言却实现了。郅支单于知道自己背负汉朝，就向西逃到了康居国，也真的暂时不敢再去骚扰汉朝边境。

郅支单于在康居的日子过得颇为滋润。他把女儿嫁给康居王，康居王也把女儿嫁给郅支单于。两个人互为女婿老丈人，十分逍遥自在。而郅支单于也多次向康居借兵，袭击附近的乌孙国，乌孙国损失惨重却无可奈何。自我膨胀的郅支单于渐渐地也不把康居王放在眼里，甚至杀掉了康居王的女儿连同数百康居贵人，还把他们肢解了扔进河里，又征发康居人为自己建造城池，建了两年才完工。

郅支单于在康居搞得天怒人怨，也在为自己悄悄掘好了坟墓。

建昭三年（前36年），陈汤与甘延寿出使西域。一直想建立奇功的陈汤对甘延寿建议：

"郅支单于现在胡作非为，侵犯乌孙和大宛，如果他们占领这两个国家，西域就危险了。郅支单于位置虽然遥远，但是匈奴人没有坚固的城郭和精良的兵器，如果我们征发屯田的士兵，再率领乌孙的军队，直捣虎穴，郅支单于没地方逃，守城也守不住，这样我们就可以建立千载奇功了。"

甘延寿也认为这个计划不错，可他比陈汤要循规蹈矩一些，所以想先奏请朝廷再实行。陈汤说了一句话，这句话成为他建功立业的基础，也为他以后埋下了祸根："这事如果让朝廷公卿们商议，他们根本看不到大局，肯定不会赞成。"

陈汤虽然坚持出兵，但他是甘延寿的副手，甘延寿一直犹豫不决，所以事情也没有决断。正好此时甘延寿病了，趁此机会，陈汤假造诏书，征发西域各国军队，连同车师国戊己校尉屯田的军队，准备出兵。甘延寿听说后大惊，挣扎着起床想阻止陈汤，陈汤按剑厉声说："大军已经集结，你小子敢坏我大事（大众已集会，竖子欲沮众邪）？"无奈之下，甘延寿只好听从了自己的副手。两个人上书弹劾自己假造诏书之罪，也言明了举兵的原因，于是带着汉胡军队四万余人浩浩荡荡地出征了。

出发之后，陈汤将军队分为六校两部，分兵进击康居。在路上就与康居军队发生战斗，救出了被康居劫掠的大昆弥百姓，又抓捕了康居的仆从国抱阗的贵人伊奴毒。

不久，大军兵临城下，由于郅支单于残忍歹毒，早就被西域各国痛恨，所以陈汤军队获得了很多支持。郅支单于知道末日将近，仍是困兽犹斗。他先派骑兵冲击汉军，汉军张弓等待，匈奴军不敢近前，纷纷退却。汉军又派弓弩手射击城外列阵的匈奴军队，匈奴人被迫退入城内。汉军率领胡军四面围城，匈奴人在城外造了座木城，派遣弓手居高临下地射击。汉军烧毁了木城，把城围成铁桶。入夜，数百匈奴骑兵想趁夜突围，被严阵以待的汉军弓弩手迎头痛击，数百人全部被射杀。

走投无路的郅支单于最后披着重甲在城楼迎战，兵员已尽，单于让自己的几十个阏氏（匈奴语，意为夫人）上城楼持弓与汉军对射，几十个阏氏全部被射死，单于也被射伤了鼻子。

城池最后被攻破，郅支单于逃入王宫，汉军攻破王宫，斩杀了郅支单于，并且缴获了汉朝的两个符节以及谷吉等使节带来的帛书，杀死匈奴阏氏、太子、名王以下一千五百一十八人。

战事结束，踌躇满志的甘延寿和陈汤上书汇报战果，他们知道，即便是卫青、霍去病也不曾建立过这样的功勋，何况自己没有耗费朝廷一分钱，自然是居功奇伟，封侯拜相指日可待。

但是他们没有料到，等待自己的却是公卿的质疑、否定乃至于贬抑。

公卿们的争执在他们的奏章上报朝廷时就发生了。按照当时的惯例，朝廷应该把单于的首级悬挂在藁街，当时是长安蛮夷聚居的地方。这一方面是对蛮夷的震慑，另一方面也是对陈汤和甘延寿的褒奖。此时已是丞相的匡衡却借口春天不是悬挂掩埋骨骸的季节，主张不要悬挂。后来车骑将军许嘉和右将军王商引经据典，证明孔子也曾在夏天处决人犯，皇帝才同意将单于首级示众。

为什么公卿们处心积虑要贬抑两人？原因有二，其一是中书令石显曾经想将自己的姐姐嫁给甘延寿却被拒绝了，从此石显与甘延寿就结了仇；更重要的原因是陈汤和甘延寿是假造诏书出兵，虽然后来建立不世奇功，但这无疑是对权力的一次重大的挑战，石显和匡衡就上书说：

"甘延寿和陈汤假造诏书征发士兵，没杀他们已经够意思了，如果还厚赏他们，以后那些出使的人都会心存侥幸，到处生事，为国家招来祸患，这个口子不能开！"

如此说来，匈奴每年入塞劫掠、残杀民众是无关痛痒的，刘邦被围白登山也是轻如鸿毛的，至于汉武帝以举国之力反击匈奴，也是"为国招难"的。而明眼人都知道，他们恼怒的只是自己作为朝廷高官的权力居然受到了两个大头兵的挑战：建立这么大的功勋，居然与我们这些贵人一毛钱关系都没有？这让我们中流砥柱的脸往哪儿搁？

而陈汤自身也不是没有问题。据史料记载，陈汤向来贪婪，作战缴获的财物，他侵吞了不少，司隶校尉正派人追查此事。陈汤、甘延寿到底是有功还是有过，此事在朝廷中议论纷纷，莫衷一是。

此时，宗正刘向，也就是传说中《战国策》的编者，上书为陈汤鸣不平，他首先指出陈汤、甘延寿功勋卓著，然后也提出"论大功者不录小过，举大美者不疵细瑕"。他更将陈汤、甘延寿与前人进行对比：

"贰师将军李广利以损失五万士兵的代价，经过四年漫长的战争，仅仅获得骏马三十匹，斩杀了大宛国王……他个人的罪恶也很多。武帝没有计较他的过错，仍然厚赏了他；而现在康居国比大宛国大，郅支单于比大宛国王地位更高，残杀汉朝使者的罪过也大于不给汉朝骏马。甘延寿、陈汤没有烦劳大汉士兵，没有花费一斗军粮，比起贰师将军，他们的功劳大了百倍。"

皇帝心里本来是向着陈汤、甘延寿的，听了刘向的话之后就下旨，封甘延寿为义成侯，陈汤赐爵关内侯，赐黄金百斤，食邑三百户（卫青几次受封，食邑共一万六千七百户，霍去病前后受封食邑一万七千四百户）。

即便如此，匡衡、石显还是辩称郅支单于是亡国之君，不算真的单于。但是君命已下，他们也无可奈何。

甘延寿后来在护军都尉任上去世。元帝驾崩后，成帝刘骜即位，阴魂不散的丞相匡衡又上书弹劾陈汤，说他贪污，陈汤被就地免职。不久，陈汤因为康居王世子真伪事件再次下狱，被判处死刑，幸好太中大夫谷永冒死力谏，陈汤才保得性命，却也被夺去官位、爵位，降职为一个普通士兵。

几年后，陈汤渐渐被人遗忘了。恰巧此时西域都护段会宗又被乌孙军队围困，段会宗上书请求征发敦煌军队营救自己。此时那些庙堂公卿们却乱了阵脚，商议了几天也没有商量出对策。这时候才有人又想起了陈汤。情急之下，皇帝召来陈汤，陈汤详情了解了事情的经过之后对皇帝说："陛下不要担心，也不用发兵，围困几日内就可解除。"皇帝不信，很着急地问："到底怎么办呢？围困真的可以解除危机吗？"陈汤了解乌孙国的军队战力，按惯例他们围困城池坚持不了几天，就说："其实围困现在已经解除了，不出五天就会有消息。"到第四天的时候，使者来报，说围困已经解除，陈汤对西域的料事如神令朝野震惊。大将军王凤更是对陈汤欣赏有加，让他担任自己的从事中郎，凡有大事一定听从陈汤的决断。

可惜陈汤之后又因为一些小事被弹劾，以惑众的罪名再次下狱，之后被发配敦煌。可是到了敦煌之后，敦煌太守又说陈汤在西域名气太大了，不宜放在我们这里，皇帝又下诏把陈汤转到安定。

陈汤的遭遇激起了很多人的同情，议郎耿育愤然上书为陈汤辩诬，他长叹道："陈汤建立如此功勋，但是转眼间就大祸及身，又被郅支单于的残部所笑，太可悲了！"

奏章上去之后，皇帝也觉得面子上过不去，下诏让陈汤回到长安。不久，陈汤就死在了那里。

陈汤在战后给皇帝的上书中说了一句名言："犯我强汉者，虽远必诛（宜悬单于头于藁街蛮夷邸间，明犯强汉者，虽远必诛）。"这句话两千年之后还一直是爱国青年的首选语录。可是陈汤怎么也没想到，自己建立了这么大的功勋，不但没有得到像卫青、霍去病那样的封赏，反而一直被不断指责，最后落得困顿老死的下场。

原因很简单，在某些人看来，所谓强汉，犯一犯其实是无所谓的，但是自己的权力却是万万不能犯的，犯我强权者，虽远必诛。

起兵之初，陈汤对甘延寿说的那句话就已经决定了他的下场："公卿们看不到大局，肯定不会赞成。"曹刿可以说"肉食者鄙，未能远谋"，但是鲁国才多大，汉朝又有多大？曹刿能得到国君的信任，可以越级上访甚至指挥全国军队，你陈汤有这能耐吗？你一个副手，连垂直领导甘延寿都被排斥在外，眼中哪里还有朝廷的公卿大臣？虽然皇帝心里向着陈汤，但是匡衡、石显等人的话也说到了皇帝心里，对公卿不敬其实就是对权力不敬，对权力不敬最终就是对皇帝不敬。世道如此，你难道还指望你能有好下场？

石显与匡衡攻击陈汤最大的罪恶就是"矫制"（假传诏书），说如果封赏陈汤，会让后来人产生侥幸心理。关于这一点，明代张燧的评价可谓一语中的：

陈汤的功劳可谓千古无人比肩，而议论的人却以假传诏书作为他的罪行，他们所讨厌的赏赐假传诏书者就会引发后患，还以为后面的人的功劳可以与陈汤比肩可这样的事再也没有发生。阴山北面，曾经出现过多少单于？从汉朝出击匈奴以来，有几个人捕杀了单于？整个汉代，只有陈汤一个做到了。不可能凭借侥幸建立陈汤那样的功勋就是这样。（陈汤之功，千古无两，而议者以矫制罪之。不知所恶夫赏矫制而开后患者，谓其功可以相踵而比肩者也。阴山之北，凡几单于，自汉击匈奴以来，得单于者几人？终汉之世，独一陈汤得单于耳，其不可常徼幸而立功者如此。）

班固说陈汤不拘小节，不会收敛，因此导致后半生穷困，让朝野之士心生怜悯（陈汤傥易，不自收敛，卒用困穷，议者闵之）。班固似乎认为，陈汤的贪婪也是他失败的重要原因。关于这一点，唐代的名将侯君集说得很经典：派遣将领出兵，主要任务是克敌。如果能克敌，即使是贪婪也可以封赏；如果将领作战失败，即使廉洁也应该诛杀（命将出师，主于克敌，苟能克敌，虽贪可赏；若其败绩，虽廉可诛）。

对于陈汤被陷害的原因，还是耿育上书中说得更清楚：他们不仅是想维护皇帝的威严，还出于嫉妒而排斥陈汤这样的功臣（欲专主威，排妒有功）。

由此看来，陷害陈汤的元凶并不是匡衡、石显等人，而是他们背后，龙椅上高高端坐的那个集所有大权于一手，时刻担心自己的权力受到挑战的皇帝。

所以，犯我强汉者，未必虽远必诛，然犯我强权者，虽远是一定要诛的。

王莽身后的女人

古代士人平生最大的梦想不过就是封侯拜相，这不仅代表着个人成功的极致，也意味着家族的无上荣光。一个家族里能有一个人封侯已属不易，而能有十个人封侯，那简直是奇迹，而这其中五个人竟然是同一天封侯，这简直就是不可思议。

而汉成帝河平二年（前27年），这样不可思议的事情竟然发生了。

这一年，汉成帝刘骜在同一天内封五个人为侯，这五个人是王谭，封平阿侯；王商，封成都侯；王立，封红阳侯；王根，封曲阳侯；王逢时，封高平侯。这件事不仅在当时轰动朝野，甚至在后世都余响不绝。从此"五侯"就成了权倾一时、显贵无比的代称。南朝鲍照就有这样的诗句："五侯相饯送，高会集新丰。"唐朝的韩翃在他的《寒食》诗里也写道："日暮汉宫传蜡烛，轻烟散入五侯家。"就连不想摧眉折腰事权贵的李白，回忆起自己在长安的豪奢生活时也写道："昔在长安醉花柳，五侯七贵同杯酒。"可见其影响之大。

细心人一眼就可以看出来，被封侯的五个人都姓王。的确，因为他们本来就是兄弟，而且他们都是汉成帝刘骜的舅舅。

舅舅们被封侯，原因只会在一个人身上，那就是皇帝的母亲。

而汉成帝的母亲就是西汉赫赫有名的王政君王太后。

据后来王莽自称，王家的祖先就是黄帝，这当然不可采信。而王家可靠的先祖可以追溯到汉文帝和景帝之间，而武帝时，王家比较有名的祖先叫王翁孺。

武帝时出现很多盗贼，但实际上大多都是无法活下去的老百姓，他们啸聚山林与朝廷作对。铁腕的武帝派出了"绣衣直指使者"，"以军兴从事"，意思是用军队对这些"盗贼"进行镇压，王翁孺就担任绣衣直指使者，受命镇压魏郡的群盗。

但是王翁孺是一个内心仁慈的人，一些协同作乱的百姓被他放了，有些办事不力的手下他也没有追究。跟他同为绣衣使者的暴胜之则不一样，二千石的高官他上奏皇帝诛杀，千石以下的官员直接诛杀，就连曾经跟"群盗"有过交往或者一起吃过饭的，都在他的死亡名单上，有些大一点的郡就被他杀了上万人。两相比较，王翁孺竟然以"奉使不称"的罪名被免职了。

丢官的王翁孺并不后悔，他长叹说：

"我听说救活千人的子孙就会被封侯，我救活了上万人，我的后代一定可以兴旺了。"

王翁孺的儿子叫王禁，王禁是一个十分"热爱生活"的人，《汉书》说他"好酒色，多娶傍妻"。王禁一共有八个儿子，四个女儿。这八个儿子是：长子王凤，次子王曼，之后是王谭、王崇、王商、王立、王根、王逢时。四个女儿是长女王君侠，三女王君力，小女王君弟，而二女儿就是后来的王太后，王政君。

和几乎所有的著名人物一样，王政君出生的时候也是有异象的，据说她母亲李氏怀着她的时候就梦见月亮扑进怀中。而更让人奇怪的是王政君两次失败的婚事。

她曾经被父母许配人家，结果还没过门，准新郎就死了。之后东平王又下聘礼要娶她，还是没过门东平王也死了。老爸王禁觉得很奇怪，连死两个准女婿，难不成这女儿是在等什么人吗？于是他让占卜者为王政君看相，占卜者大惊说："这女儿以后会大贵，这富贵都没法说。"

王禁听了之后心中大喜，干脆请老师在家里教王政君读书弹琴，提高文化素养，加强核心竞争力。到王政君十八岁的时候，老爸就把她送入皇宫，当了一个级别很低的宫女——家人子。

王禁送王政君入宫目的很明显，就是希望女儿得到皇帝宠幸。但是王政君只是个普通宫女，哪里有接近皇帝的机会。他们都没有想到，王政君的命运不是在皇宫，而是在另一个宫——太子宫。

一年多以后，太子宫发生的一件事彻底改变了王政君和她家族的命运，甚至改变了西汉帝国的命运。

这一年，太子的宠妃司马良娣病重将死。临死前，司马良娣对太子说：

"我的死不是因为天命，都是你其他的那些妃子们用巫术害死我的。"

太子深以为然，司马良娣死后，他也生病了，而且经常对其他嫔妃大发雷霆，也不再宠幸任何妃子。这件事惊动了宣帝，为了皇家血脉传承考虑，他让皇后选择一些良家女子介绍给太子，而王政君就在其中。

一天，太子去见皇后，皇后就把王政君等五个人叫出来让太子看，之后悄悄让手下问太子喜欢哪个。太子其实一个都看不上，但是父皇母后的好意又不好违逆，就敷衍回答说："其中有一个还不错。"

但是太子殿下又没说是哪一个，皇后的手下也不好再问。恰好那天王政君的座位最靠近太子，又穿了一件显眼的红衣服，于是手下认定就是她了。回报皇后之后，王政君就被送进了太子宫，太子宠幸了她一次，居然就有了身孕。而此前太子的后宫几十个人，有的被宠幸七八年了都没有任何反应！

甘露三年，王政君生下一个男孩，成为当时的嫡皇孙，这就是后来的成帝。

三年后，宣帝驾崩，太子即位，是为汉元帝。

汉元帝当太子时多次几乎地位不保。因为他笃信儒术，而宣帝治国经常用的是法家的手段。他多次劝谏宣帝说，"陛下持刑太深，宜用儒生"。结果被他老子训斥，说：

"我们汉家王朝有自己的法度，本来就加入了霸王之道，为什么要这样崇尚儒术呢？"

从那时候起，宣帝就对太子很不满意，甚至说搞乱汉家制度的一定是太子（见《意识形态的二皮脸》），多次想废掉太子。

而让宣帝最终没有废掉太子，主要有两个原因：

第一是太子的生母许皇后在宣帝还身处贫贱时就跟着他，所以皇帝不忍心废太子；第二是太子的儿子实在可爱，宣帝亲自给这个孙子起名叫刘骜，经常让他陪伴左右。由此可见，王政君的这个儿子刚一出生就立了大功——保住了他爹的皇位。

汉元帝即位后，刘骜被立为太子，而王政君被立为婕妤。父亲王禁也被封为阳平侯。三天后，王婕妤被立为皇后。

王皇后自从生了皇子之后就很少被临幸，儿子刘骜刚成年的时候还温和恭敬，但是后来却沉迷酒色，汉元帝越来越不喜欢他。此时元帝宠幸的傅昭仪的儿子被封为定陶共王，定陶共王深得皇帝喜爱，皇帝多次几乎废太子立他，多亏侍中史丹保护，加上皇帝觉得王皇后向来听话谨慎，何况这个儿子也是先帝最喜爱的皇孙，最终没有废他。

元帝在位十六年，竟宁元年（前33年），汉元帝驾崩，太子即位为帝，是为汉成帝。皇后王政君便成了皇太后，这一年，她三十三岁。

王政君成为皇太后后第一个受益者是大哥王凤，他立即被封为大司马、大将军、领尚书事，他也成为王家显贵的第一人。之后王崇也被封为安成侯，王谭等被封为关内侯。

而王家显赫的高峰，便是文首提到的五人同日被封侯事件。到此时，王太后的兄弟们除了王曼早死没封侯之外，其他的都封尽了，家族之煊赫，无与伦比，就连皇帝做事也必须征求王家的同意。

皇帝左右经常向他推荐光禄大夫刘向的儿子刘歆，说他道理通达，才能出众。皇帝召见了刘歆，谈话之后也十分欣赏，于是想任命他为中常侍。官服都准备好了，马上要授官时，左右都说：

"陛下还没告诉大将军呢！"

成帝说：

"这种小事，何必告诉大将军？"

谁知左右吓得面无人色，使劲叩头请皇帝三思。无奈之下，成帝只好先告诉王凤，谁知王凤说不行，于是成帝也只好作罢。

皇帝尚且如此，朝臣对王家更是畏惧如虎。偶尔有一两个不要命的想站出来跟王家作对，多半也没有好下场。比如，当时的京兆尹王章就上书皇帝，指责王凤专权，结果被逮捕下狱惨死，妻子儿女也被流放。从这之后，"公卿见凤，侧目而视"。

在权力面前，即使是父子兄弟也会各怀鬼胎。王家此时权力无与伦比，内部也会有明争暗斗。比如，王谭跟王凤就一直合不来，王凤去世之前，皇帝问谁可以接替他，王凤就避开王谭而推荐王音。王音是王政君的族弟王弘的儿子，是王谭的侄子辈。所以王凤死后王音接替他成为大司马车骑将军，这让王谭十分懊恼，又把对大哥王凤的憎恨转移到了王音身上。

就在王谭、王音明争暗斗的时候，他们谁也没有想到，王家最后走上权力高峰的人根本不在他们之中，而在早死的王曼一门。

前面说的五侯同日被封的时候，王禁的次子王曼已经去世了。王曼的遗孀叫渠，在东宫做事，而王曼的儿子就是王莽。出于对王曼的怜悯，王政君经常在成帝面前称赞王莽，而王谭、王商等也经常称赞他，毕竟称赞一个势力弱小的晚辈比称赞官场上的对手要安全得多。大家都这样说，成帝脸上也挂不住了，就下诏追封王曼为新都哀侯，而王曼的儿子王莽则承袭爵位新都侯。

之后，王谭去世了，王立被废了，王商也退休去世了。王太后同辈的兄弟凋零殆尽，而她的侄子辈开始登上历史舞台，其中最野心勃勃的就是王莽。

王莽在当了多年新都侯之后一直默默无闻，后来因为立了大功骤然被提升为大司马，接替了叔父王根的位子，他立的这个大功就是告发另一位叔父红阳侯王立与淳于长图谋不轨，结果是淳于长下狱被诛，王立则被废。

汉成帝是历史上出名的酒色皇帝，赵飞燕姐妹就是他的宠妃。也许是过度耽于酒色，汉成帝一直没有子嗣，最后在王根的策划下，将原来定陶共王的儿子定陶王过继过来立为太子。太子立了一年多之后，成帝就死了，太子即位，是为哀帝。

汉哀帝继承了先帝对酒色的执着爱好，即位不足七年就死了。此时的王太后已经成了太皇太后，她和侄子王莽一起策划将中山王立为哀帝太子，之后立为皇帝，是为平帝。当时平帝只有九岁，而且体弱多病，当然无法处理政事，于是名义上由太皇太后临朝称制，实际上权力全部归入王莽之手。

王政君喜欢这个侄儿不是没有理由的。除了因为怜悯他父亲王曼早死之外，更重要的原因是王莽在这个姑母面前表现得非常明理懂事，善解人意。王莽掌权后，花费巨资贿赂王政君左右，让她们替自己在姑母面前美言，又上书请求册封王政君的几个姐妹，这样一来，王政君的亲姐妹们也成了王莽的同盟军。王莽深知姑母一直深居宫内，寂寞无聊，就制定制度，让太皇太后四季车驾到京城郊外视察，去慰问一下孤儿寡妇，率领皇后和贵妇们养蚕采桑，节日登山游玩，甚至观赏围猎，把个老太太哄得不亦乐乎。王政君的一个弄臣生病了住在外面，王莽以大司马之尊亲自前去护理，更是让王政君满意得不得了。

王莽大权在握，此时他以前告发过的叔父红阳侯王立虽然已经被废，但是仍是他的一块心病。于是王莽设计逼王立自杀，又暗示群臣尊自己为安汉公，两个儿子也被封为列侯。之后又把自己的女儿嫁给平帝当皇后，又暗示群臣给自己上尊号为宰衡。宰衡这个官职古代是没有的，是将上古的两个官职"太宰"和"阿衡"合在一起新造的称号。这让人想起秦始皇将"三皇""五帝"合在一起创造了一个新词"皇帝"作为自己的专称。此时王莽的野心，已是路人皆知。

汉平帝做了五年皇帝，十四岁就死了，有人认为是王莽毒死的。平帝当然没有子嗣，王莽便从皇族中选了一个年仅两岁的婴儿立为皇帝，自己宣布自己为摄皇帝。此时的王政君才觉得自己这个侄儿做事似乎有些不对劲，表示了不同意见，可此时的王莽已经不是那个低三下四的侄儿了，经历了四代皇帝的太太皇太后已经无法掌控局面。

就在王莽摄政的第二年，就有很多人自称出现祥瑞符命，希望王莽即皇帝位。此时的王莽自然顺水推舟，宣布自立为新皇帝，派人向太皇太后王政君索要保管的传国玉玺。

此时的王政君知道大错已经铸成，无力回天，但是这个强悍的女人还是把前来索要玉玺的使者大骂了一通：

"你们父子宗族承蒙汉家的力量，几代富贵，没有什么回报的，受了别人托孤之请，却趁机夺取了人家的国家，不再顾及恩情仁义。人到这个地步，猪狗都不吃你们剩下的，天下怎么会有你们这样的兄弟！而且王莽既然自称受天命成为新皇帝，改变旧朝的制度，就应该重新做玉玺，传之万世，拿这个亡国的不祥玉玺来干什么？！我是汉家的老寡妇，早晚就死了，想和玉玺一起埋葬，你们休想得到！（而属父子宗族蒙汉家力，富贵累世，既无以报，受人孤寄，乘便利时，夺取其国，不复顾恩义。人如此者，狗猪不食其余，天下岂有而兄弟邪！且若自以金匮符命为新皇帝，变更正朔服制，亦当自更作玺，传之万世，何用此亡国不详玺为，而欲求之？！我汉家老寡妇，且暮且死，欲与此玺俱葬，终不可得！）"

当然，最后王政君还是知道大局已定，无可更改，玉玺是怎么也要交出来的。盛怒之下，她将玉玺扔在地上，摔掉了一个角。传国玉玺相传是李斯受秦始皇之命，用楚国和氏璧镌刻的，是古代皇权正统的代表。王政君将玉玺摔缺了一个角，王莽得到之后，用黄金将这个角补上，于是就有了一个新词："金镶玉"。

王政君活了八十四岁，是中国历史上寿命最长的皇后之一。她从当皇后起，到后来当太后，太皇太后，一共当了六十一年。她近乎神话的当权时长是王家富贵显赫的最大原因，也是王莽逐渐做大最后篡权的主要原因。班彪在《汉书·元后传》中评价道：

"及王莽之兴，由孝元后历汉四世为天下母，享国六十余载，群弟世权，更持国柄，五将十侯，卒成新都。"

对王政君拒绝交出玉玺，班彪的评价是：

大权已经转移，而元后还恋恋不舍握着一个玉玺，不愿意交给王莽，妇人之仁，悲哀啊！（位号已移于天下，而元后卷卷犹握一玺，不欲以授莽，妇人之仁，悲夫！）